LE LIBÉRALISME ÉCONOMIQUE EN AFRIQUE

Quand Friedrich Hayek et Milton Friedman sont invités au débat

Pierre Dagbo Godé

LE LIBÉRALISME ÉCONOMIQUE EN AFRIQUE

Quand Friedrich Hayek et Milton Friedman sont invités au débat

L'Harmattan
Côte d'Ivoire

Du même auteur, chez le même éditeur

Aristote, la Politique et l'Exercice du Pouvoir en Afrique, 27 février 2025

LA LIBERTÉ. OEUVRE POÉTIQUE, 30 mars 2021

La diplomatie africaine. Théorie et Pratique,15 octobre 2014

5-7, rue de l'École-Polytechnique ; 75005 Paris

www.editions-harmattan.fr

ISBN : 978-2-336-54480-9

EAN : 9782336544809

À mon père

Avertissement

Depuis de nombreuses années, l'Afrique, riche de sa diversité culturelle et de ses ressources naturelles, cherche à construire le développement économique et social de ses populations. Les espoirs d'un tel projet, souvent portés par des théories venues d'ailleurs, se heurtent à la réalité complexe d'un continent aux multiples visages. Le libéralisme économique, défendu par des économistes tels que Friedrich Hayek et Milton Friedman, a souvent été présenté comme une voie de prospérité. Mais est-ce vraiment la solution que l'Afrique recherche ? Ou bien ces théories économiques s'avèrent-elles inadéquates face aux défis propres à ce continent ? Le livre examine ces questions de manière thématique pour montrer la force de l'économie de marché, l'autre nom du libéralisme économique.

Le libéralisme économique, tel que le prônent Hayek et Friedman, est fondé sur la liberté des marchés, la minimisation du rôle de l'État et la confiance en l'initiative individuelle. C'est une vision qui a bouleversé avant de façonner la dynamique des marchés mondiaux et, pour certains, apporté prospérité et innovation. Pourtant, lorsqu'il s'agit de l'Afrique, ce modèle économique suscite de nombreux débats, des craintes et une curiosité légitime. Peut-il véritablement s'appliquer dans un contexte où l'histoire coloniale, les traditions locales et les structures sociales imposent leurs propres règles ? Ce livre propose un voyage intellectuel au cœur de cette question, une exploration de ce que pourrait signifier l'adoption de principes libéraux dans les économies africaines.

À travers ces pages, le lecteur est invité à un dialogue stimulant entre deux continents, deux philosophies, et deux visions de l'avenir. Il est amené à naviguer entre les héritages économiques complexes laissés par la colonisation et les ambitions contemporaines des États africains en quête de modernisation. Le livre examine les réformes économiques qui ont tenté d'ouvrir les marchés africains à plus de compétitivité tout en tenant compte des réalités locales. Ces réformes, parfois imposées de l'extérieur par des institutions internationales, ont souvent bouleversé les équilibres existants. Mais ont-elles permis de construire un développement réellement durable, ou ont-elles, au contraire, exacerbé les fractures sociales ?

Le livre ne se contente pas de discuter de la théorie économique. Il plonge dans le concret, dans le vécu des nations africaines, pour illustrer comment des concepts abstraits comme la privatisation, la dérégulation ou la libre concurrence ont pris forme sur le terrain. Le livre raconte ici des histoires de réussites, mais aussi de revers cinglants, de promesses non tenues et de populations confrontées à des transformations économiques abruptes. Ce n'est pas simplement une analyse froide et distante, mais une réflexion ancrée dans la réalité de peuples qui, souvent, voient leurs vies bouleversées par des décisions prises bien loin de chez eux. Ce livre se veut à la fois rigoureux et proche des réalités humaines. Il va au-delà du simple constat critique. Il aspire à ouvrir des pistes de réflexion sur l'avenir. Car, au fond, le véritable enjeu est de savoir si les concepts développés par Hayek et Friedman, qui ont été des pionniers de la pensée libérale au XXIème siècle peuvent se réinventer pour répondre aux défis de l'Afrique contemporaine. Quels sont les obstacles à une véritable libéralisation des économies africaines ? Pourquoi le marché libre, idéal des libéraux, reste-t-il si souvent hors de portée sur ce continent ? Et surtout, comment ces théories pourraient-elles être adaptées pour servir les intérêts des Africains eux-mêmes, plutôt que de se plier aux attentes de la communauté internationale ? Ce livre est une invitation à réfléchir ensemble à ces questions essentielles.

Le livre ne cherche pas à imposer une réponse unique ou à défendre aveuglément une idéologie. Au contraire, il veut être un espace de questionnement, où le lecteur pourra confronter ses idées et ses préjugés à ceux des penseurs du libéralisme. À travers l'analyse des structures économiques post-coloniales, des politiques de privatisation, des rôles respectifs de l'État et du secteur privé, ou encore de l'impact de la mondialisation, le livre offre une analyse d'ensemble de l'économie africaine. Car c'est seulement en comprenant les réussites et les échecs de l'application du libéralisme en Afrique que l'on peut imaginer des voies de développement adaptées aux réalités locales.

En explorant la place de l'Afrique dans le vaste mouvement de la mondialisation, l'on peut s'interroger aussi sur la relation complexe entre les économies africaines et le reste du monde. Les réformes libérales, souvent associées à une ouverture aux marchés mondiaux, ont-elles été des tremplins vers le progrès ou bien des pièges qui ont enfermé les nations africaines dans une dépendance encore plus forte ? Les histoires des ajustements structurels imposés par le FMI et la Banque mondiale sont parfois tragiques, mais elles contiennent aussi des leçons précieuses sur la manière dont les principes libéraux ont été détournés, mal appliqués, ou tout simplement incompris. À travers ces pages, le lecteur pourra percevoir la complexité de ces interactions et se faire sa propre opinion sur la viabilité du libéralisme économique en Afrique.

Ce livre s'adresse à tous ceux qui s'intéressent à l'avenir de l'Afrique, qu'ils soient économistes, étudiants, décideurs politiques ou simples curieux. Il est destiné à ceux qui croient que la réflexion sur les modèles économiques n'est pas réservée à une élite, mais qu'elle doit être partagée par tous ceux qui cherchent à comprendre le monde et à le transformer. Le destin économique de l'Afrique ne se joue pas seulement dans les salles de conférences internationales ou dans les bureaux des institutions financières. Il se joue aussi dans les villages, les villes et les marchés où vivent des millions de personnes.

Ce livre est une invitation à une réflexion collective sur le futur économique de l'Afrique, un futur qui reste à écrire, mais dont les contours se dessinent déjà aujourd'hui, entre aspirations libérales et réalités locales. J'espère que cette aventure intellectuelle saura éveiller en vous le désir de poursuivre le chemin de cette réflexion, pour que, ensemble, tous les africains puissent imaginer un avenir où les idées et les pratiques économiques trouvent un écho dans les aspirations profondes de leurs peuples.

Chapitre introductif
Le libéralisme économique chez Friedrich Hayek et Milton Friedman

Friedrich Hayek et Milton Friedman, deux lauréats du prix Nobel d'économie, le premier en 1974 et le second en 1976 ont profondément marqué la pensée économique moderne. Leur vision du libéralisme économique n'est pas seulement une série de principes abstraits, mais un véritable art de vivre pour les nations, un mode de gestion de l'économie qui repose sur la liberté individuelle, l'importance d'un marché non entravé et la conviction que l'initiative personnelle peut créer de la richesse pour tous. Ce premier chapitre est central. Il pose les bases de tout le reste du livre, offrant les clés nécessaires pour comprendre les idées qui ont façonné la réflexion libérale dans le monde, et que certains tentent d'appliquer en Afrique.

La pensée de Friedrich Hayek est fondée sur la croyance que la liberté individuelle est le socle de toute prospérité. Pour Hayek, l'économie doit être libérée des contraintes excessives de l'État, car ce sont les individus qui, en poursuivant leurs propres intérêts, apportent le plus de bénéfices à la société. « Laissez faire », pourrait-on dire en écho à l'antique adage libéral, mais Hayek va plus loin. Il affirme que l'information est éparpillée dans la société, que chaque individu en détient une part et que, par conséquent, seul le marché, en agrégeant toutes ces informations à travers les interactions des acteurs économiques, peut réellement orienter les décisions de production et de consommation. Pour Hayek, la prétention de l'État à vouloir diriger l'économie est non seulement inefficace, mais dangereuse. Il l'exprime avec force dans La Route de la servitude, son ouvrage phare, où il met en garde contre les dérives totalitaires auxquelles peuvent mener les interventions étatiques : « La planification centrale est une route directe vers la servitude » [Hayek, 1944].

Dans ce raisonnement, on retrouve une foi profonde dans les mécanismes spontanés du marché, ce que Hayek appelle « l'ordre spontané ». L'idée est que lorsque les individus interagissent librement, un ordre se crée naturellement, un équilibre que les planificateurs ne pourraient jamais atteindre par la contrainte. Cela mène à une première question fondamentale : si l'Afrique aspire à la liberté et à l'innovation, ne devrait-elle pas elle aussi laisser ses marchés respirer, se libérer des carcans étatiques et permettre à cet « ordre spontané » de s'installer ? Pour Hayek, c'est précisément dans cette absence de contraintes que se trouve la créativité humaine, et par là, le progrès économique.

Milton Friedman, de son côté, partage cette vision libérale, mais il la développe avec une approche plus pragmatique et plus tournée vers les politiques publiques. Friedman, connu pour son rôle dans le développement de l'école monétariste, insiste sur le rôle néfaste de l'inflation et de la gestion monétaire excessive par l'État. Dans son ouvrage Capitalism and Freedom, il défend l'idée que « la liberté économique est une condition nécessaire à la liberté politique » [Friedman, 1962]. Selon lui, un État qui contrôle la monnaie, les prix, ou les taux de change, finit toujours par empiéter sur les libertés individuelles. Pour Friedman, les politiques économiques devraient être simples et prévisibles : l'État doit assurer un cadre légal stable, garantir les droits de propriété, mais laisser les forces du marché réguler l'offre et la demande.

Cela conduit à réfléchir à la situation des économies africaines. Si l'on prend l'exemple des politiques de contrôle des prix en Afrique, souvent mises en place pour éviter les flambées des prix alimentaires ou énergétiques, on peut se demander si elles ne finissent pas par étouffer la capacité des entrepreneurs locaux à investir et à innover. Pour Friedman, ces interventions sont des « pièges », elles conduisent à des pénuries, car elles brisent les signaux que le marché envoie aux producteurs. Les pays qui ont tenté d'imposer des prix artificiellement bas ont souvent été confrontés à une fuite des produits vers les marchés parallèles, créant ainsi de l'instabilité économique. Friedman dirait qu'« il faut laisser les prix jouer leur rôle », car ce sont eux qui révèlent la rareté d'un bien, qui encouragent les producteurs à ajuster leur offre.

Il est important de comprendre que, pour ces deux penseurs, la liberté économique n'est pas une fin en soi, mais un moyen pour atteindre la liberté tout simplement. Ils estiment que lorsque les individus sont libres de choisir comment investir, travailler, échanger, ils finissent par renforcer non seulement leur propre bien-être, mais aussi celui de la société entière. « La liberté, c'est le droit de choisir », affirme Milton Friedman. Pour eux, l'idée de centraliser les décisions économiques, même avec les meilleures intentions, conduit inévitablement à la corruption et à la perte de liberté.

Les deux théoriciens s'accordent également sur le fait que l'État doit se retirer de nombreux secteurs économiques, tout en conservant quelques rôles essentiels, comme garantir le respect des contrats et la sécurité des citoyens. Selon eux, un État qui se mêle de la production agricole, du commerce de détail ou encore de la gestion des entreprises publiques, finit par fausser la compétition, décourager l'initiative privée et instaurer un climat de dépendance. Cette réflexion est particulièrement pertinente pour l'Afrique, où, après des décennies de planification étatique héritée de la période post-coloniale, de nombreux secteurs peinent encore à s'émanciper de la tutelle gouvernementale.

Mais ne vous y trompez pas, l'approche de Hayek et de Friedman n'est pas synonyme de chaos ou de dérégulation totale. Ils ne prônent pas un monde sans règles, mais un monde où les règles sont claires, limitées et appliquées de manière impartiale. Pour eux, l'État doit créer un cadre où les entrepreneurs et les investisseurs peuvent agir en toute confiance, sans craindre l'arbitraire des décisions politiques. Cela signifie que l'État doit garantir les droits de propriété, protéger les contrats, et veiller à ce que la concurrence soit juste, mais sans intervenir dans le fonctionnement des marchés.

C'est cette vision d'un « État arbitre » plutôt que d'un « État joueur » qui pourrait apporter une véritable transformation des économies africaines. Si l'on envisage l'Afrique comme un terrain fertile où le potentiel humain et les ressources naturelles ne demandent qu'à s'épanouir, peut-être qu'il faut aussi accepter que cet épanouissement passe par la liberté des individus à entreprendre sans l'ombre pesante de l'interventionnisme étatique.

On peut prendre pour exemple le secteur de la microfinance, qui s'est développé dans de nombreux pays africains. Ces initiatives, souvent portées par le secteur privé, ont permis de contourner les lourdeurs administratives des banques traditionnelles et de répondre à des besoins que l'État n'était pas en mesure de satisfaire. Ce succès montre que lorsque les acteurs privés sont libres de proposer des solutions innovantes, même les populations les plus démunies peuvent accéder à des services financiers et prendre en main leur propre développement. Hayek et Friedman y verraient un exemple concret de la puissance des initiatives décentralisées.

Cependant, ces théories ne sont pas exemptes de critiques, et il est essentiel de les aborder honnêtement. L'un des reproches faits au libéralisme de Hayek et Friedman est qu'il accorde peu d'importance aux inégalités sociales qui peuvent résulter de la libre concurrence. En Afrique, où les disparités sont souvent marquées, cela peut sembler un argument de poids. Les tenants du libéralisme répliqueraient que c'est précisément en libérant les forces de l'innovation et de l'entrepreneuriat que l'on offre les meilleures chances aux populations défavorisées de s'extraire de la pauvreté. Mais il est crucial de se demander si, dans des contextes où les inégalités historiques sont profondes, une approche plus équilibrée entre le marché et l'intervention de l'État ne serait pas plus judicieuse.

Dans ce débat, il n'y a pas de réponse toute faite, et c'est justement ce qui rend la réflexion sur le libéralisme en Afrique si passionnante. Le but de ce chapitre n'est pas de dire que la voie tracée par Hayek et Friedman est la seule, ni même la meilleure, mais d'inviter le lecteur à se poser les bonnes questions : que signifie la liberté économique pour l'Afrique ? Comment concilier le besoin de régulation avec le dynamisme du marché ? Et surtout, quelle place l'individu doit-il avoir dans ce processus de transformation ?

En méditant sur ces idées, en les confrontant aux expériences de chaque pays africain, peut-être que chaque lecteur trouvera que certaines d'entre elles résonnent avec les réalités de son pays d'origine, ou au contraire, qu'elles semblent inadaptées. Mais dans tous les cas, que l'on se souvienne que la réflexion sur la liberté économique est avant tout une réflexion sur la liberté humaine. C'est là que réside la véritable ambition de ce livre : stimuler la curiosité, provoquer le débat, et peut-être même, offrir une vision nouvelle sur les économies africaines.

Chapitre 1
La structure des économies africaines post-coloniales

Pour comprendre les défis économiques actuels de l'Afrique, il est essentiel de revenir sur les structures héritées de la période coloniale. L'histoire économique de ce continent est profondément marquée par l'empreinte de la colonisation, un héritage complexe, lourd de conséquences, qui a façonné les trajectoires des nations bien au-delà de l'accession à l'indépendance. C'est ce cadre qu'il faut d'abord explorer ici, pour mieux saisir les contrastes frappants entre les systèmes économiques centralisés issus de cette période et les théories libérales de Friedrich Hayek et Milton Friedman.

La colonisation n'a pas simplement modifié les frontières des États africains ; elle a imposé des structures économiques rigides, dirigistes, dont les effets continuent de se faire sentir aujourd'hui. Les puissances coloniales européennes ont façonné les économies africaines pour servir leurs propres intérêts. Les colonies ont été organisées autour de l'extraction des ressources et de l'exportation des matières premières vers les métropoles. Ce modèle extractif reposait sur une économie de rente, avec une spécialisation dans un nombre limité de produits – minéraux, pétrole, cacao, café, bois, etc. L'objectif des colonisateurs n'était pas de développer des économies locales dynamiques et diversifiées, mais de créer des territoires qui alimentaient les industries et les marchés de l'Europe. Il en résulta des économies dépendantes, peu diversifiées, centrées sur l'exportation de matières premières et très vulnérables aux fluctuations des marchés internationaux.

Après les indépendances, les nouveaux dirigeants africains ont hérité de ce modèle et se sont trouvés confrontés à la question de l'industrialisation et de la modernisation de leurs économies. Beaucoup d'entre eux, influencés par les idéologies de l'époque, ont opté pour une voie socialiste ou étatiste, considérant l'État comme le principal moteur de la croissance économique. Ce choix s'expliquait en partie par la méfiance à l'égard des anciennes puissances coloniales, et par la volonté de rompre avec les structures économiques qui avaient été imposées de l'extérieur. Il y avait une aspiration légitime à « prendre en main » le développement, à contrôler les ressources et à bâtir une économie plus juste pour les populations locales. Mais, paradoxalement, en cherchant à s'émanciper des cadres économiques coloniaux, ces nouveaux États ont souvent perpétué des formes de centralisation extrême, où le pouvoir économique était concentré dans les mains de l'État.

C'est ici que le contraste avec les idées libérales de Hayek et Friedman est le plus saisissant. Là où ces économistes prônent la décentralisation des décisions économiques et la liberté des marchés, les économies africaines post-coloniales ont souvent choisi le dirigisme, la nationalisation des industries, et la planification centralisée. Ce modèle a pris différentes formes selon les pays, mais il a été marqué par une volonté de « domestiquer » le marché. Le secteur public a été massivement mobilisé pour piloter l'agriculture, l'industrie, le transport, et même le commerce de biens essentiels. Les gouvernements voulaient éviter que les marchés ne « jouent contre » les objectifs de développement national ; mais en faisant cela, ils ont souvent étouffé les initiatives privées et créé des systèmes inefficaces, où la corruption et le clientélisme ont prospéré.

L'une des grandes leçons à retenir de cette période, c'est que la centralisation du pouvoir économique peut devenir une arme à double tranchant. D'un côté, elle permet à l'État de diriger le développement et d'intervenir rapidement pour corriger des déséquilibres. Mais de l'autre, elle crée un système où les décisions ne reflètent pas toujours les besoins réels de la population et du marché. Les grandes politiques de nationalisation, par exemple, ont souvent transformé des industries locales en « éléphants blancs » — des projets coûteux, peu performants et incapables de soutenir la croissance à long terme.

Prenons le cas de l'industrie pétrolière au Nigéria. Après la découverte du pétrole, les autorités ont rapidement nationalisé la production, créant un monopole d'État pour contrôler cette ressource stratégique. Cependant, en l'absence de mécanismes transparents et de gestion efficace, le secteur est devenu une source de corruption et de gaspillages, avec des bénéfices qui profitaient surtout aux élites politiques plutôt qu'aux populations locales. La rente pétrolière a encouragé une économie de dépendance, où l'État reste le principal acteur économique, au détriment de la diversification de l'économie. Ici, on peut se demander si Hayek et Friedman auraient défendu une telle gestion des ressources ? Assurément pas. Pour eux, un tel monopole étatique est l'exemple même de ce qu'il faut éviter pour stimuler la liberté et la responsabilité individuelle.

Il est crucial de rappeler que cette centralisation a également contribué à éloigner les populations de leur économie. Les décisions économiques étaient prises par une minorité, souvent formée dans les grandes écoles de la métropole, tandis que les agriculteurs, artisans et petits entrepreneurs se voyaient imposer des quotas, des taxes et des contrôles qui ne reflétaient pas toujours leurs réalités quotidiennes. Cela a créé une fracture entre l'État et ses citoyens, un sentiment d'aliénation économique qui perdure encore. Dans nombreux pays africains, l'économie informelle a prospéré précisément parce qu'elle permettait aux individus de contourner ces lourdeurs administratives, d'échapper à un système perçu comme oppressif.

L'économie informelle, bien que souvent critiquée pour son manque de régulation et de protection sociale, a été une réponse des populations à cette rigidité étatique. C'est un espace où l'initiative individuelle et l'esprit entrepreneurial peuvent s'exprimer, malgré l'absence de reconnaissance officielle. Ce contraste entre l'économie formelle dirigée par l'État et l'économie informelle auto-organisée illustre parfaitement la tension entre le modèle centralisé hérité de la colonisation et la quête de liberté économique que prônent Hayek et Friedman. Les marchés informels, bien que désorganisés et parfois chaotiques, incarnent cette « spontanéité » dont parle Hayek. Ils sont le lieu où l'offre et la demande se rencontrent librement, où les échanges sont directs et les règles créées par les agents économiques eux-mêmes.

Cependant, il serait naïf de croire que le libéralisme économique pure pourrait facilement se substituer à ces structures centralisées. Les réalités africaines sont marquées par des inégalités profondes, des tensions sociales, et une histoire où l'État a l'obligation de jouer un rôle protecteur, même dans sa forme la plus autoritaire. L'État, pour de nombreux Africains, reste un garant de la stabilité et de la justice sociale, ce qui complique l'idée d'un retrait radical de ses prérogatives économiques. Milton Friedman, avec son pragmatisme, aurait probablement reconnu ce besoin de transition progressive, car, pour lui, la liberté économique doit s'accompagner de la capacité des populations à en tirer parti.

Les décennies qui ont suivi les indépendances ont montré que le contrôle étatique, s'il peut apporter une certaine stabilité initiale, devient vite un frein à l'innovation et à la compétitivité. Les cas sont nombreux où les entreprises publiques sont devenues des monopoles inefficaces, pesant sur les finances publiques et offrant des services de qualité médiocre. Les secteurs des réseaux électriques, des compagnies aériennes, des chemins de fer ont été synonymes de gaspillage, de retards et de dégradation des infrastructures. C'est dans cette perspective que les réformes de libéralisation, souvent imposées par les institutions internationales (Banque Mondiale et Fonds Monétaire Internationale), ont cherché à ouvrir ces secteurs à la concurrence et à libérer les énergies entrepreneuriales.

Cela dit, la transition n'est pas simple. Les privatisations mal préparées ont parfois eu des effets désastreux, car elles ont transféré des monopoles publics aux monopoles privés sans réelle compétition. La question fondamentale, ici, est celle de la capacité des institutions à accompagner cette transition vers un marché plus libre. Pour Hayek et Friedman, la liberté économique nécessite des institutions fortes pour garantir la concurrence et la transparence. En Afrique, cette condition est loin d'être toujours remplie, et c'est ce qui rend le débat sur le libéralisme économique si complexe.

A ceux qui s'interrogent sur la manière d'adapter ces théories libérales au contexte africain, il est conseillé de ne pas se laisser enfermer dans des dogmes, mais de chercher des chemins qui mènent au développement économique et social. L'Afrique a besoin d'un État qui encourage et régule, qui sait aussi s'effacer pour laisser la créativité économique s'exprimer. Cela implique de réformer les administrations publiques, de renforcer la transparence, et surtout, de rétablir la confiance entre l'État et ses citoyens. C'est un défi immense. C'est aussi une opportunité de redéfinir la place de la liberté économique dans un contexte africain.

L'objectif n'est pas de faire l'éloge ou la critique pure et simple de la centralisation étatique en Afrique ; il s'agit d'expliquer et comprendre comment l'héritage colonial a façonné les économies du continent, et en quoi il contraste avec les idéaux du libéralisme économique. En explorant ces tensions, il est urgent de réfléchir sur le rôle que l'État et le marché doivent jouer pour bâtir une véritable économie politique africaine. Si l'histoire économique du continent reste marquée par la centralisation et la dépendance, il est temps d'envisager des voies nouvelles, où la liberté économique ne serait pas synonyme d'abandon, mais de responsabilisation et de renaissance.

Chapitre 2
L'industrialisation ou la dépendance au commerce des matières premières

Les explications de la dynamique des économies africaines exigent que l'on s'attarde sur le poids des matières premières et sur la manière dont celles-ci façonnent le chemin de l'industrialisation. Depuis les indépendances, le développement économique du continent a été largement dicté par l'exploitation des ressources naturelles. Pétrole, minerais, métaux précieux, bois, cacao, café etc. Autant de richesses qui, si elles représentent une opportunité indéniable, ont aussi créé une dépendance quasi systématique au secteur primaire. Cette réalité pose une question cruciale, celle de la compatibilité de ce modèle avec les principes d'une économie libérale telle que la décrivent Hayek et Friedman. Car si les ressources naturelles peuvent être un tremplin pour la croissance, elles peuvent aussi devenir une entrave à l'émergence d'un secteur industriel diversifié et compétitif.

Le piège de la dépendance aux matières premières, souvent appelé le « syndrome hollandais » ou la « malédiction des ressources », est une réalité que de nombreux pays africains connaissent bien. Ce phénomène survient lorsque l'exportation de ressources naturelles domine l'économie, rendant les autres secteurs peu compétitifs en raison de l'afflux massif de devises étrangères, qui renchérit la monnaie nationale et réduit la compétitivité des industries locales. Cela signifie que la richesse produite par les ressources naturelles n'est pas réinvestie dans la diversification de l'économie, mais au contraire, qu'elle devient une sorte de rente qui étouffe l'innovation et l'industrialisation. L'exemple du pétrole au Nigeria est particulièrement éclairant. Pendant des décennies, la manne pétrolière a permis au pays de financer son budget, mais elle a aussi freiné le développement d'autres secteurs, notamment agricoles et manufacturiers. Le résultat obtenu est celui d'une économie vulnérable aux fluctuations des prix du pétrole, où chaque chute des cours mondiaux se traduit par une crise économique profonde.

La dépendance aux matières premières entraîne également une forte exposition aux chocs externes. Les économies africaines dépendant largement de la demande mondiale pour leurs produits bruts. Ainsi, lorsqu'un ralentissement économique touche la Chine ou les pays occidentaux, c'est toute la chaîne de production qui se trouve fragilisée. C'est ici que le modèle libéral de Hayek et Friedman soulève des problématiques. Dans un contexte de marché libre, les prix des matières premières sont déterminés par la loi de l'offre et de la demande ; ce qui crée une fluctuation des prix soit à la hausse soit à la baisse. Dans le cas d'une tendance baissière, cette fluctuation des prix peut provoquer une instabilité que les pays africains ont du mal à absorber. Hayek, fervent défenseur des mécanismes du marché, aurait probablement vu dans ces fluctuations une opportunité de diversification, une incitation à investir dans d'autres secteurs. Dans la réalité africaine, où les infrastructures sont souvent insuffisantes et où les capitaux manquent, cette flexibilité théorique se heurte à des obstacles très concrets.

Les théories de Friedrich Hayek et Milton Friedman prônent une économie de marché ouverte, où les investissements privés devraient pouvoir circuler librement, permettant ainsi aux pays riches en ressources de mobiliser des capitaux pour leur développement. En Afrique, cette vision rencontre deux défis majeurs. D'abord, le manque de transformation locale des ressources, qui signifie que la valeur ajoutée des matières premières est réalisée ailleurs, souvent dans les pays industrialisés. Les minerais extraits en

Afrique sont exportés à l'état brut et transformés à l'étranger, avant d'être réimportés sous forme de produits finis. Ce processus prive les pays africains de l'opportunité de développer une industrie locale autour de la transformation, qui pourrait créer de l'emploi, stimuler la recherche et l'innovation, et générer des revenus supplémentaires.

Ensuite, il y a la question des cadres réglementaires et institutionnels. Pour que le modèle libéral fonctionne, il faut des institutions fortes qui garantissent les droits de propriété, protègent les investisseurs, et assurent la transparence des transactions. Or, de nombreux pays africains souffrent d'une instabilité institutionnelle qui décourage les investissements à long terme dans des projets industriels. Les coups d'État, la corruption, l'absence de prévisibilité des lois économiques sont autant de facteurs qui freinent le développement d'un secteur manufacturier compétitif. Dans son approche Milton Friedman insiste sur la nécessité de règles claires pour un marché libre : « un marché ne peut pas exister sans un cadre légal stable ». Ce cadre fait souvent défaut, ce qui entrave le développement d'industries capables de diversifier l'économie et de réduire la dépendance aux matières premières.

Pourtant, la solution ne réside pas dans un rejet pur et simple des théories libérales. Bien au contraire, il est possible de s'inspirer de ces principes pour repenser la manière dont l'Afrique pourrait utiliser ses ressources naturelles comme un levier de développement industriel. L'idée, ici, n'est pas de tourner le dos au marché, mais de créer les conditions pour que la richesse issue des ressources naturelles soit réinvestie dans des secteurs porteurs, capables de transformer l'économie à long terme. Il s'agit de faire en sorte que les exportations de matières premières financent la construction d'infrastructures, la formation de main-d'œuvre qualifiée, et l'essor de nouvelles industries. « Ne laissez pas la richesse sous vos pieds devenir la pauvreté sur vos tables », disait un proverbe africain souvent cité par les économistes du développement.

Le Botswana est souvent cité en exemple pour avoir réussi à utiliser ses ressources diamantifères pour soutenir son développement. Contrairement à beaucoup d'autres pays africains, le Botswana a su créer un cadre juridique et fiscal qui a permis à la rente minière de financer la construction d'infrastructures modernes, de soutenir l'éducation et de diversifier son économie. Les institutions y ont joué un rôle central, offrant la stabilité nécessaire pour attirer des investisseurs étrangers et locaux. C'est un modèle qui montre que, même dans un contexte de dépendance aux ressources naturelles, il est possible de bâtir une économie plus diversifiée. Cela nécessite une vision stratégique à long terme, une gestion rigoureuse des ressources publiques, et un engagement fort contre la corruption.

Le défi de l'industrialisation en Afrique repose donc sur la capacité à transformer les matières premières sur place. Cela signifie qu'il faut développer des industries de transformation, investir dans la chaîne de valeur et permettre à chaque pays de créer davantage de richesse à partir de ses propres ressources. Les pays comme la Côte d'Ivoire, qui investissent dans la transformation locale de leur production de cacao, en sont un exemple. Produire du chocolat plutôt que simplement exporter des fèves permet de capter une partie de la valeur ajoutée et de réduire la dépendance aux fluctuations des cours mondiaux. Mais cela nécessite des capitaux, des compétences, et un cadre économique propice.

C'est là que les théories de Hayek et Friedman peuvent être réinterprétées pour l'Afrique. Plutôt que de se contenter d'ouvrir les marchés et de privatiser les industries publiques, il est nécessaire de créer des conditions pour que le secteur privé local puisse émerger, se développer et investir dans la transformation industrielle. Cela implique de favoriser l'entrepreneuriat local, d'alléger les charges fiscales sur les petites et moyennes entreprises, et de simplifier les démarches administratives. Une industrie libéralisée, c'est une industrie où les barrières à l'entrée sont faibles, où les entrepreneurs peuvent rapidement lancer de nouvelles initiatives, où la concurrence stimule l'innovation.

Pour que ce scénario devienne réalité, il faut également se confronter aux enjeux de la mondialisation. Les économies africaines sont souvent confrontées à une compétition féroce sur les marchés internationaux, où les industries naissantes doivent faire face à des concurrents bien plus expérimentés et mieux équipés. Les idées de libre-échange défendues par Hayek et Friedman trouvent ici une limite, car sans un minimum de protection et de soutien, les industries africaines ont du mal à se frayer un chemin. Il ne s'agit pas de plaider pour un protectionnisme rigide, mais plutôt de reconnaître que, pour permettre l'émergence de nouveaux secteurs, des mesures de soutien temporaire peuvent être nécessaires.

En pratique, cela pourrait signifier offrir des incitations fiscales pour les industries locales, développer des partenariats publics-privés pour le financement des infrastructures industrielles, ou encore renforcer les programmes de formation professionnelle pour permettre aux jeunes de participer pleinement à cette nouvelle dynamique économique. Hayek et Friedman auraient sans doute critiqué ces interventions comme des distorsions de marché, mais dans le contexte africain, elles pourraient être envisagées comme des étapes nécessaires pour renforcer la compétitivité à long terme.

L'industrialisation de l'Afrique ne peut se faire sans une réflexion profonde sur la manière de gérer les ressources naturelles. Les matières premières, qui ont longtemps été une source de dépendance, peuvent devenir le socle d'un développement plus diversifié si elles sont utilisées intelligemment. Pour cela, il est essentiel de ne pas céder aux tentations de la facilité, de ne pas voir les ressources naturelles comme une solution immédiate à tous les problèmes économiques. Au contraire, elles doivent être un levier, un moyen de financer la transformation structurelle de l'économie africaine.

Il est donc crucial, pour les dirigeants africains, de s'interroger sur la manière dont ils peuvent tirer parti des enseignements de Hayek et Friedman tout en les adaptant à leur propre réalité. Le libéralisme économique peut offrir des perspectives nouvelles, mais il ne doit pas être appliqué de manière aveugle. Il doit tenir compte des spécificités locales, des besoins de diversification et des aspirations des populations à bénéficier d'un développement équitable. L'industrialisation de l'Afrique, loin d'être une simple question de politique économique, est un projet de société, un projet où la liberté économique doit rimer avec justice sociale et développement humain.

Chapitre 3
Les politiques de privatisation : échecs et réussites

Les politiques de privatisation ont occupé une place centrale dans les réformes économiques des pays africains depuis les années 1980. Portées par les théories libérales, elles ont été largement encouragées, voire imposées, par les institutions internationales tels que le FMI et la Banque mondiale. Si l'on s'en tient aux thèses de Friedrich Hayek et Milton Friedman, la privatisation devait libérer les économies de la lourdeur et de l'inefficacité de la gestion étatique pour ouvrir la voie à une plus grande compétitivité et à une meilleure allocation des ressources. Mais l'histoire de la privatisation en Afrique est bien plus complexe qu'il n'y paraît, oscillant entre espoirs et déceptions, entre réussites emblématiques et échecs retentissants.

La promesse de la privatisation était simple : en transférant la propriété des entreprises publiques au secteur privé, on espérait stimuler l'efficacité, attirer les investissements, et renforcer la croissance. Les entreprises publiques africaines, souvent synonymes de mauvaise gestion, de corruption et de déficits chroniques, étaient perçues comme des boulets pour les économies nationales. Il fallait les réformer ou, mieux encore, les vendre. Mais cette vision, si séduisante sur le papier, s'est souvent heurtée aux réalités locales.

Prenons l'exemple du secteur de l'énergie en Zambie. Au début des années 1990, le pays a entrepris la privatisation de sa compagnie minière d'État, la Zambia Consolidated Copper Mines (ZCCM). Cette entreprise, qui gérait la production de cuivre, la principale richesse du pays, était en grande difficulté financière. La privatisation visait à redresser la situation, à moderniser les infrastructures et à attirer des capitaux étrangers. Pourtant, le résultat a été loin des attentes. Les nouveaux propriétaires étrangers ont rationalisé les coûts, licencié une grande partie de la main-d'œuvre et orienté la production vers l'exportation, ce qui a entraîné une détérioration des conditions de vie des travailleurs locaux. Le chômage a explosé, et les communautés qui vivaient autour des mines se sont retrouvées sans ressources.

Cet exemple montre que la privatisation, mal conduite, peut accentuer les inégalités sociales et créer des tensions au sein des communautés. L'un des principes fondamentaux de Milton Friedman repose sur l'idée que « le marché est le meilleur moyen de servir les intérêts des consommateurs ». Pour que cela soit vrai, encore faut-il que la concurrence soit réelle et que les nouveaux investisseurs aient un intérêt à réinvestir localement. Or, en Zambie, la privatisation a créé un monopole privé là où existait auparavant un monopole public. Les bénéfices ont quitté le pays, et la population locale, loin de profiter des gains de productivité espérés, a vu sa situation se dégrader.

Cependant, on ne peut pas dire que toutes les expériences de privatisation sont synonymes d'échec. Au contraire, certains pays ont su tirer parti de ce processus pour dynamiser des secteurs stratégiques de leur économie. L'Ouganda a réussi à revitaliser son secteur de la téléphonie grâce à une série de privatisations bien pensées. En ouvrant le marché à des opérateurs privés tout en maintenant un cadre de régulation stricte, le gouvernement ougandais a permis à des millions de personnes d'accéder à des services de communication autrefois réservés à une élite urbaine. Cette transition a contribué à l'essor d'un véritable écosystème numérique, créant des emplois et stimulant l'innovation dans le secteur des technologies de l'information.

Ce succès montre que la privatisation peut fonctionner lorsque l'État joue son rôle de régulateur et garantit la transparence des processus de vente. L'Ouganda a su éviter le piège du monopole privé en favorisant la concurrence et en veillant à ce que les bénéfices de la libéralisation soient partagés par l'ensemble de la population. Cela rejoint une des idées centrales de Milton Friedman selon laquelle : « la concurrence est la clé de la liberté économique ». Dans un marché concurrentiel, les entreprises doivent se battre pour attirer les consommateurs, ce qui les pousse à innover et à améliorer leurs services. Dans de tels cas, cette concurrence doit être réelle, et non de façade.

Un des enseignements majeurs de ces expériences est que la privatisation, pour être efficace, ne peut pas se limiter à un transfert de propriété. Il ne suffit pas de vendre une entreprise publique pour que la magie du marché opère. Il faut préparer le terrain, réformer les institutions, créer un environnement favorable à l'émergence de nouveaux acteurs économiques. En Afrique, trop souvent, les privatisations ont été menées de manière précipitée, sous la pression des créanciers internationaux, sans tenir compte des spécificités locales et sans s'assurer que les marchés étaient prêts à absorber ces nouvelles entreprises.

C'est ainsi que, dans des pays comme le Mali, la privatisation de la compagnie nationale d'électricité a provoqué une flambée des tarifs. Les nouveaux opérateurs, préoccupés par la rentabilité immédiate, ont augmenté les prix, rendant l'accès à l'énergie hors de portée pour une grande partie de la population. Ce phénomène, observé au cours des recherches, montre combien il est crucial d'accompagner les privatisations par des politiques sociales, pour éviter que la libéralisation ne se transforme en exclusion. Pour que les principes libéraux soient véritablement appliqués, il ne faut pas oublier que le marché doit répondre aux besoins des individus, et non l'inverse.

La privatisation doit être un outil au service du développement, pas une fin en soi. Cela signifie qu'elle doit s'accompagner d'une vision stratégique, où l'État joue le rôle de garant de l'équité et de la transparence. L'erreur, en Afrique, a souvent été de considérer que le retrait de l'État suffisait à instaurer un marché libre. Or, sans régulation, le marché peut facilement être capturé par des acteurs dominants qui faussent la compétition et détournent les bénéfices de la privatisation à leur profit. L'État ne doit donc pas disparaître. Son rôle doit être amélioré, passant de producteur à régulateur.

Il est aussi crucial de s'interroger sur la manière dont les populations locales sont intégrées dans le processus de privatisation. Dans plusieurs pays, les privatisations ont été perçues comme une vente de la « richesse nationale » à des intérêts étrangers, ce qui a alimenté un sentiment de dépossession et de frustration. Pour éviter cela, il est indispensable de concevoir des mécanismes de participation populaire, comme la vente d'actions aux citoyens ou la promotion de partenariats entre entreprises locales et investisseurs étrangers. Lorsque les populations se sentent copropriétaires des nouvelles entités privées, elles sont plus enclines à accepter les réformes et à soutenir les efforts de modernisation.

Au Kenya, la privatisation partielle de la compagnie nationale de télécommunication a montré qu'une telle approche est possible. En intégrant les travailleurs et les communautés locales dans le processus, en favorisant la transparence des transactions et en organisant des campagnes de sensibilisation, le gouvernement kényan a réussi à éviter les tensions sociales. Les actions ont été ouvertes au public, permettant à une partie de la population de devenir actionnaire de l'entreprise. Ce modèle a permis de renforcer l'adhésion aux réformes et de créer un sentiment de « propriété partagée » de la modernisation économique.

La privatisation n'est ni un remède miracle, ni un mal absolu. Elle doit être adaptée aux réalités de chaque pays, aux besoins des populations, et aux capacités de l'économie locale à absorber ces transformations. Il est important de se rappeler que le marché libre, pour être vraiment libre, doit reposer sur la justice et la transparence. Sinon, il risque de devenir un terrain de jeu pour les plus forts, laissant les plus vulnérables à la marge.

La question de la privatisation en Afrique est donc une question de nuance, de compromis, où les idéaux de Friedrich Hayek et Milton Friedman doivent être confrontés à la réalité du terrain. Le défi est de trouver un équilibre entre la nécessaire libéralisation de l'économie et la protection des populations contre les effets pervers d'une concurrence déloyale. Dans cette quête, les échecs passés ne doivent pas décourager. Bien au contraire, ils doivent servir d'expériences sur les erreurs à éviter. L'histoire des privatisations en Afrique n'est pas seulement un bilan économique ; c'est une leçon sur la manière dont les théories économiques libérales doivent être adaptées pour prendre en compte les aspirations des peuples.

La privatisation peut être une chance pour les pays africains, à condition qu'elle soit guidée par une vision inclusive et qu'elle prenne en compte les réalités sociales et économiques locales avec un secteur privé comme moteur d'une croissance au service de l'intérêt général.

Chapitre 4
L'État : moins de coercition, plus de régulation

Pour Friedrich Hayek et Milton Friedman, l'État ne doit jouer qu'un rôle limité dans l'économie, se concentrant sur la création d'un cadre légal stable, la protection des droits de propriété et la garantie de la liberté individuelle. Ils estiment que le marché, laissé à lui-même, est le meilleur moyen d'allouer les ressources de manière efficace, d'encourager l'innovation et de répondre aux besoins des individus. Comment appliquer cette vision libérale à l'Afrique, où l'État a traditionnellement joué un rôle prépondérant dans la gestion des ressources et la direction de l'économie ? La question est complexe et mérite une attention particulière, car les défis de développement sur le continent africain exigent une approche nuancée.

Les économies africaines sont marquées par un héritage colonial qui a souvent centralisé le pouvoir économique entre les mains de l'État. Après les indépendances, nombreux sont les gouvernements qui ont adopté des modèles de développement étatiques, inspirés par des idéologies socialistes ou nationalistes. La planification, la nationalisation des ressources naturelles et le contrôle des prix ont été les instruments privilégiés pour orienter l'économie. L'État, considéré comme le protecteur des intérêts nationaux, s'est imposé comme le principal acteur économique, régulant, subventionnant et produisant, tout en se méfiant de la main invisible du marché.

Cette approche, si elle répondait à des impératifs politiques et sociaux après les indépendances, s'est souvent révélée inefficace sur le plan économique. Les entreprises publiques, censées assurer le développement industriel, se sont rapidement enlisées dans des déficits chroniques, minées par la corruption et l'absence de compétition. Les économies planifiées ont échoué à s'adapter aux changements rapides de l'économie mondiale, créant une dépendance à l'égard des matières premières et une faible capacité d'innovation. C'est dans ce contexte que la pensée de Friedrich Hayek et Milton Friedman semble offrir une alternative séduisante, en proposant de libérer l'économie du carcan de l'État pour laisser la dynamique du marché jouer pleinement son rôle.

Milton Friedman insiste sur le fait que « la fonction essentielle de l'État est de maintenir la loi et l'ordre pour que le marché puisse fonctionner » [Friedman, 1962]. Selon lui, la concurrence est le moteur de la croissance, et l'État, lorsqu'il s'implique trop dans la production de biens et services, empêche l'émergence d'une véritable concurrence. Il soutient que l'État doit se contenter de fixer les règles du jeu, de garantir le respect des contrats, mais qu'il ne doit pas jouer sur le terrain économique lui-même. Friedrich Hayek, pour sa part, met en garde contre les dérives autoritaires de la planification centrale. Dans La « Route de la servitude », il affirme que plus l'État contrôle les ressources économiques, plus il contrôle la liberté des individus. Selon lui, la liberté économique est inséparable de la liberté politique, et un État trop interventionniste finit toujours par briser l'initiative et la créativité.

Appliquer ces principes en Afrique n'est pas aussi simple. Dans de nombreux pays, l'État joue un rôle central non seulement en raison de l'héritage historique, mais aussi parce que la faiblesse des infrastructures et des institutions privées rend indispensable une forme d'intervention pour assurer la fourniture de services de base. La santé, l'éducation, l'électricité, l'eau potable sont autant de secteurs où le retrait de l'État pourrait laisser des millions de personnes sans accès aux services essentiels. Dans ces domaines, une libéralisation radicale pourrait se traduire par une aggravation des inégalités et un accès inéquitable aux ressources. Pour beaucoup de gouvernements africains, la question n'est donc pas de savoir si l'État doit intervenir, mais comment il doit le faire pour que son action soutienne le développement sans étouffer la dynamique du marché.

L'une des erreurs courantes, lorsque l'on applique les théories de Friedrich Hayek et Milton Friedman à l'Afrique, est de croire que le retrait de l'État suffit à faire émerger un marché dynamique. En réalité, le marché libre, pour fonctionner, a besoin d'un cadre institutionnel solide. La protection des droits de propriété, la lutte contre la corruption, la transparence des marchés sont autant de conditions nécessaires pour que la concurrence puisse s'exercer. Or, ces éléments font souvent défaut en Afrique. Par exemple, dans des pays comme le Nigéria, le secteur pétrolier est officiellement libéralisé, mais l'absence de régulation efficace et la prédominance des intérêts privés ont créé un système de rente où les bénéfices sont capturés par une minorité, laissant la majorité de la population dans la pauvreté.

Un autre aspect fondamental de cette réflexion est la capacité de l'État à construire des infrastructures de base. Les routes, les ports, les réseaux de communication : autant d'éléments indispensables pour que les marchés puissent se développer. Un pays enclavé, sans routes, sans électricité fiable, ne peut espérer attirer des investissements privés, même avec les meilleures politiques de dérégulation. Friedrich Hayek et Milton Friedman ne nient pas la nécessité de ces infrastructures, mais pour eux, l'État devrait se limiter à ces fonctions de base, laissant le reste aux forces du marché. Cependant, en Afrique, les investissements privés dans les infrastructures sont souvent insuffisants, car le retour sur investissement est jugé trop incertain ou trop éloigné dans le temps.

Une approche plus réaliste consisterait donc à considérer que l'État doit jouer un rôle de facilitateur, en se concentrant sur la création des conditions nécessaires à l'épanouissement du secteur privé. Cela signifie réformer les administrations, simplifier les démarches pour la création d'entreprises, lutter activement contre la corruption, et garantir une stabilité politique qui rassure les investisseurs. Il ne s'agit pas de supprimer le rôle de l'État, mais de le redéfinir. L'État doit être le « jardinier » qui prépare le sol, pas celui qui décide des graines à planter. C'est un équilibre délicat, mais essentiel pour éviter que la libéralisation ne conduise à un chaos économique.

Certains pays africains ont déjà entamé ce virage, avec des résultats contrastés. Le Rwanda, par exemple, sous la présidence de Paul Kagame, a cherché à créer un environnement favorable aux affaires en simplifiant la réglementation et en promouvant la transparence. Le pays a vu une augmentation significative des investissements étrangers et une croissance soutenue de son PIB. Mais cet exemple soulève aussi des questions sur la capacité de l'État à respecter les libertés politiques dans un contexte où il cherche à contrôler étroitement le développement économique. Cela montre que la vision de Friedrich Hayek, selon laquelle la liberté économique et la liberté politique vont de pair, n'est pas toujours vérifiée dans la réalité africaine.

D'un autre côté, il est crucial de comprendre que l'État reste un acteur indispensable dans la gestion des ressources naturelles, en particulier dans des secteurs stratégiques comme l'énergie et les minerais. Les tentatives de privatisation totale de ces secteurs ont souvent abouti à des situations où les populations locales ne bénéficient pas des richesses de leur sol. Milton Friedman prônait la privatisation, mais il rappelait aussi que « la concurrence est une discipline, pas une anarchie ». En d'autres termes, pour que la privatisation profite réellement à l'ensemble de la société, il faut des mécanismes de régulation qui empêchent la constitution de monopoles privés. En Afrique, cela implique de maintenir une certaine présence de l'État pour éviter que les ressources naturelles ne deviennent la propriété exclusive de multinationales.

Il est finalement compréhensif que le rôle de l'État dans les économies africaines ne doit pas être réduit à une simple opposition entre intervention et régulation. L'objectif est de trouver un modèle adapté, où l'État agit comme un catalyseur de développement, en favorisant l'initiative privée sans abandonner ses responsabilités sociales. Pour que le retrait de l'État soit bénéfique, il doit s'accompagner d'une montée en puissance des acteurs locaux, capables de prendre le relais et de construire des économies diversifiées et résilientes. Cela nécessite un investissement massif dans l'éducation, dans la formation des entrepreneurs, et dans la création d'un climat de confiance entre les pouvoirs publics et les acteurs économiques.

L'Afrique, avec sa jeunesse dynamique, son potentiel agricole, ses ressources naturelles et son ouverture à l'innovation, a tout à gagner d'un renouveau libéral. Mais ce renouveau ne peut être le fruit d'une application dogmatique des théories de Friedrich Hayek et Milton Friedman. Il doit tenir compte de la diversité des réalités locales, des fragilités institutionnelles et des aspirations de chaque nation. La clé, c'est de ne pas se précipiter, de ne pas croire qu'un État faible est la solution à tous les maux. Un État stratège, qui sait se retirer là où le marché peut fonctionner et qui intervient là où les faiblesses sont trop grandes, pourrait être la meilleure réponse aux défis du développement.

On assiste ainsi à un dialogue entre la théorie et la pratique, entre l'idéal d'un État minimal et la réalité d'une Afrique en quête de solutions pragmatiques pour son développement.

Le rôle de l'État, loin de se réduire à une simple question de taille, doit être repensé en termes de qualité et de capacité à construire un avenir où les forces du marché et l'aspiration à la justice sociale marchent la main dans la main.

Chapitre 5
La question de la corruption et de la gouvernance

La corruption, en Afrique, est un fléau aux multiples visages. Elle gangrène les institutions, freine l'investissement, et détourne les ressources qui pourraient être utilisées pour le développement. Des petits pots-de-vin du quotidien aux grandes malversations qui détournent des millions de dollars, elle affecte presque tous les secteurs de la vie publique et représente un obstacle majeur à la croissance économique et à l'épanouissement des citoyens. Mais comment la pensée libérale de Friedrich Hayek et Milton Friedman pourrait-elle être appliquée pour comprendre et combattre ce problème ? Ces deux économistes, chacun à leur manière, ont proposé une critique acerbe de l'interventionnisme étatique, voyant dans la réduction du rôle de l'État un moyen de limiter la corruption. Mais est-ce vraiment une solution suffisante pour l'Afrique ? Et quelles autres voies doivent être explorées pour espérer un changement durable ?

Pour Hayek, la corruption naît souvent de la concentration excessive du pouvoir entre les mains de l'État. Plus un gouvernement contrôle l'économie, plus les fonctionnaires et les décideurs détiennent un pouvoir arbitraire sur la répartition des ressources. En intervenant dans les marchés, en réglementant chaque aspect de la vie économique, l'État crée des opportunités pour la corruption.

La raison en est simple : lorsque l'accès à une ressource dépend de l'autorisation d'un agent public, celui-ci se trouve en position de monnayer son influence. C'est ce que l'on appelle souvent le « pouvoir de distribuer des rentes ». Pour Hayek, l'un des moyens de lutter contre la corruption est donc de limiter le pouvoir de l'État à ses fonctions régaliennes, en laissant le marché se réguler lui-même. Pour tout économiste, moins l'État intervient, moins il y a des tentations de corruption.

Milton Friedman partage cette idée, mais avec un accent particulier sur la transparence et la simplicité des règles. Selon lui, la complexité administrative est l'un des terreaux les plus fertiles pour la corruption. Plus les règles sont nombreuses et complexes, plus elles offrent des occasions de contournement et de négociation illégale. Pour Friedman, un État minimal et des règles économiques simples réduisent non seulement la tentation de la corruption, mais aussi les occasions de la pratiquer. Si les gouvernements veulent éradiquer la corruption, ils doivent simplifier les règles. Cela signifie que chaque fois que l'État délègue une part de son pouvoir de décision au marché, il réduit l'opacité des transactions et limite les possibilités de malversations.

Mais l'idée que la limitation de l'État suffirait à éradiquer la corruption se heurte à des réalités complexes en Afrique. Prenons l'exemple des privatisations mal encadrées : loin de réduire la corruption, elles ont parfois été l'occasion de transferts d'actifs publics à des intérêts privés à des prix dérisoires, souvent en échange de commissions occultes versées à des décideurs. Ce phénomène, que l'on a observé au Congo, au Cameroun, en Côte d'Ivoire ou encore en Guinée, montre que la libéralisation, sans mécanismes de contrôle et de transparence, peut créer autant de corruption qu'elle n'en résout. En théorie, un marché libéré des interventions étatiques devrait être plus transparent ; en pratique, sans une gouvernance forte, les réseaux d'influence privés prennent souvent le relais de la corruption publique.

Le cas de la gestion des ressources naturelles en Angola est particulièrement éloquent. Après la fin de la guerre civile, le pays s'est ouvert aux investissements étrangers, notamment dans le secteur pétrolier. Cette ouverture, sans véritable transparence, a créé des circuits de corruption massive, où les revenus du pétrole étaient gérés dans une opacité totale, profitant à une élite restreinte. Ici, le retrait de l'État n'a pas été synonyme de meilleure gouvernance, mais plutôt de concentration des richesses entre les mains de quelques-uns. Ce constat pose une question essentielle pour les partisans du libéralisme économique : comment garantir que la liberté de marché ne devienne pas le terrain de jeu d'intérêts privés tout aussi corrompus que les anciens monopoles étatiques ?

Pour combattre efficacement la corruption en Afrique, il ne suffit pas de réduire le rôle de l'État, il faut aussi construire des institutions solides, capables de contrôler les abus et de faire respecter les lois. Friedrich Hayek et Milton Friedman reconnaissaient d'ailleurs la nécessité de cet État de droit, sans lequel la liberté économique devient une illusion. Cela implique de créer des organismes de régulation indépendants, de former des magistrats intègres, et de renforcer la transparence dans la gestion des finances publiques. En Afrique, cela passe par la publication des contrats d'exploitation minière, par l'obligation pour les hauts fonctionnaires de déclarer leur patrimoine, et par la création de plateformes citoyennes de surveillance des budgets publics.

Un autre aspect crucial de la lutte contre la corruption est l'éducation des citoyens à leurs droits et à leurs devoirs. Les populations, souvent éloignées des processus de décision, doivent être formées pour réclamer des comptes à leurs gouvernements. C'est une tâche longue et ardue, mais elle est indispensable pour que la société civile puisse jouer un rôle de contre-pouvoir face aux dérives des élites. Dans cette perspective, les théories de Hayek et Friedman, qui valorisent la liberté individuelle, trouvent un écho particulier : elles incitent à la responsabilisation des citoyens, à la prise en main de leur destin économique. Cette liberté, pour être effective, doit s'accompagner d'une capacité à contrôler les dérives, à s'organiser en associations de lutte contre la corruption, à mener des actions en justice contre les abus.

Si l'on souhaite appliquer ces principes à l'Afrique, il est essentiel de reconnaître que la construction de cet état de droit ne peut se faire en un jour. Cela implique un travail de longue haleine pour moderniser les administrations publiques, renforcer les capacités de contrôle et, surtout, restaurer la confiance entre l'État et les citoyens. Un État qui se contente de réduire ses interventions économiques sans garantir la transparence et la justice risque de créer un vide institutionnel, où la loi du plus fort prend le pas sur l'intérêt général. Cette transition doit être progressive, pensée comme un processus de maturation institutionnelle plutôt qu'un retrait brutal de l'État.

Cependant, il est également vrai que la simplification des règles peut apporter des résultats rapides. Dans plusieurs pays africains, des initiatives ont montré qu'il était possible de réduire la corruption en réduisant la bureaucratie. En Tanzanie, par exemple, la numérisation des procédures douanières a permis de diminuer les pratiques de pots-de-vin aux frontières, en limitant le contact direct entre les agents et les commerçants. Le Rwanda, de son côté, a mis en place des plateformes numériques pour le paiement des taxes et des amendes, ce qui a considérablement réduit les risques de détournement des fonds publics. Ces exemples montrent que la technologie peut être un allié précieux pour réduire la corruption, à condition que son usage soit accompagné d'une volonté politique forte de réformer.

Au-delà de ces réformes techniques, la lutte contre la corruption en Afrique doit être envisagée comme une transformation culturelle. Les pratiques de corruption sont souvent enracinées dans des systèmes de solidarité familiale et communautaire, où le service rendu à un fonctionnaire est perçu comme une forme de reconnaissance sociale. Pour changer ces mentalités, il faut encourager une culture de la transparence et de la responsabilité, non seulement au sein des administrations, mais aussi au sein de la société civile. Hayek et Friedman auraient sans doute insisté sur l'importance de l'éducation économique, sur la nécessité de comprendre que la corruption freine le développement, qu'elle détruit la confiance entre les acteurs économiques et qu'elle réduit les opportunités pour tous.

Dans cette optique, il serait judicieux de mettre en place des programmes d'éducation civique dans les écoles et les universités, pour former une nouvelle génération de leaders et de citoyens conscients des enjeux de la gouvernance. « La lutte contre la corruption commence dans les esprits », pourrait-on dire. C'est un investissement de long terme, mais c'est aussi le seul moyen de changer durablement les pratiques et de créer un environnement où la corruption n'est plus perçue comme une fatalité, mais comme une anomalie à combattre.

Le défi de la gouvernance en Afrique est immense, mais il n'est pas insurmontable. Les théories libérales de Hayek et Friedman, en appelant à la réduction du rôle de l'État, offrent une perspective intéressante, mais elles ne peuvent être appliquées de manière dogmatique. Le marché ne peut pas tout résoudre, et la simple libéralisation ne suffira pas à faire disparaître les pratiques de corruption profondément enracinées. C'est en trouvant un équilibre entre la liberté économique et la force des institutions que l'Afrique pourra espérer construire un avenir plus transparent, plus juste, et plus prospère.

La clé réside dans la capacité des États africains à se transformer de l'intérieur, à adopter des réformes courageuses tout en s'appuyant sur la force de leur société civile.

Chapitre 6
Le marché libre et les inégalités sociales

L'une des critiques les plus récurrentes du libéralisme économique est son potentiel à exacerber les inégalités sociales. Cette critique est particulièrement pertinente en Afrique, où les disparités économiques et sociales sont déjà profondément ancrées. L'idée de laisser le marché se réguler lui-même, sans intervention de l'État, suscite à la fois de l'espoir pour sa capacité à libérer les forces de la croissance, mais aussi de la crainte face à son impact sur la répartition de la richesse. Les idées de Friedrich Hayek et de Milton Friedman prônent un marché libre, où chacun peut trouver sa place en fonction de ses talents, de ses initiatives et de ses efforts. Que se passe-t-il lorsque les points de départ sont inégaux, lorsque certains ont accès aux ressources, à l'éducation et aux opportunités, tandis que d'autres en sont exclus ?

En Afrique, la question est particulièrement brûlante. Le continent est marqué par de grandes disparités entre les zones rurales et urbaines, entre les élites économiques et les populations modestes, entre les régions riches en ressources naturelles et celles qui en sont dénuées. Dans ce contexte, une approche purement libérale risque de renforcer les inégalités, si elle n'est pas accompagnée de politiques de redistribution adaptées. L'idée selon laquelle la croissance générée par le marché libre finirait par bénéficier à tous, par le fameux « ruissellement » (trickle-down economics), reste très contestée, notamment lorsque les mécanismes de redistribution ne sont pas en place. Milton Friedman, pourtant fervent défenseur de la liberté des marchés, reconnait que « la liberté économique n'est pas une fin en soi, mais un moyen pour atteindre la liberté humaine ». Alors, qu'advient-il lorsque la liberté économique creuse le fossé entre les riches et les pauvres ?

L'un des aspects centraux de la réflexion sur le marché libre en Afrique est la question de l'accès aux opportunités économiques. Dans un marché où chacun est libre d'entreprendre, ceux qui disposent de ressources initiales — capital financier, réseaux sociaux, accès à l'éducation — ont un avantage considérable. En Afrique, où l'accès à ces ressources est profondément inégal, le risque est que le marché libre renforce ces inégalités de départ. Prenons le cas du secteur de l'agriculture, qui emploie encore la majorité de la population africaine. L'accès à la terre, aux crédits, aux technologies agricoles reste limité pour de nombreux petits agriculteurs, souvent confinés à une agriculture de subsistance. Lorsque le marché est libéralisé, ce sont les grandes exploitations qui bénéficient le plus des investissements et de la modernisation, accentuant les écarts de productivité entre petits producteurs et grandes entreprises.

Le problème, ici, n'est pas la liberté économique en elle-même, mais l'absence de mécanismes qui permettent à tous d'y participer sur un pied d'égalité. Un marché libre peut encourager l'innovation et récompenser le travail, mais il peut aussi devenir une machine à concentrer la richesse si les règles du jeu ne sont pas équitables. Pour que le marché libre soit réellement inclusif en Afrique, il est crucial de renforcer l'accès à l'éducation et aux formations professionnelles, de faciliter l'accès au crédit pour les petites entreprises, et de créer des infrastructures qui relient les zones rurales aux marchés. En d'autres termes, il ne suffit pas de libérer les marchés ; il faut aussi donner à chacun les moyens de saisir les opportunités offertes par cette libéralisation.

Un autre défi majeur concerne le secteur informel, qui constitue une part importante de l'économie africaine. Ce secteur, qui regroupe des millions de petites entreprises, d'artisans, de commerçants et de travailleurs indépendants, est souvent la seule porte d'entrée vers le marché pour les populations les plus pauvres. Mais dans un contexte de marché libre, ces acteurs informels se trouvent souvent en concurrence directe avec des entreprises mieux structurées, qui bénéficient de meilleurs financements et d'un accès privilégié aux marchés internationaux. Par exemple, dans le secteur de la vente au détail, l'arrivée de grandes chaînes de supermarchés dans les villes africaines a souvent déstabilisé les petits commerçants locaux, incapables de rivaliser sur les prix. Pour ces millions de travailleurs informels, la libéralisation peut apparaître non pas comme une opportunité, mais comme une menace.

Ici, Friedrich Hayek et Milton Friedman prônent la nécessité de laisser la concurrence faire son œuvre, en estimant que seuls les plus compétitifs doivent survivre. Cette approche ne tient pas toujours compte du coût social de la disparition de ces petites activités pour les communautés locales. Le marché libre, pour être bénéfique à tous, doit reconnaître la diversité des acteurs économiques et offrir des espaces pour que chacun puisse s'adapter aux nouvelles règles du jeu. Cela pourrait passer par des politiques d'accompagnement pour les petits entrepreneurs, des incitations à la formalisation des activités et un soutien à la transition vers des modèles économiques plus compétitifs.

Il est aussi essentiel de comprendre que la montée des inégalités dans un marché libre peut avoir des conséquences politiques importantes. Dans de nombreux pays africains, les inégalités économiques se superposent aux fractures ethniques, régionales ou religieuses. Une libéralisation économique qui ne prend pas en compte ces réalités sociales peut attiser les tensions, renforcer les divisions et, à terme, déstabiliser les sociétés. Pour Friedrich Hayek, la stabilité sociale est le fruit de la liberté, mais cette stabilité ne peut être garantie si les fruits de la croissance ne sont pas partagés équitablement. La croissance économique, si elle bénéficie uniquement à une élite urbaine, peut renforcer les frustrations et nourrir des revendications sociales qui mettent en péril la paix sociale.

Le Botswana offre un exemple intéressant de la manière dont un pays peut essayer de concilier marché libre et lutte contre les inégalités. Le pays a choisi de libéraliser une partie de son économie tout en conservant un rôle actif dans la redistribution des richesses issues des ressources naturelles, en particulier les diamants. Le gouvernement botswanais a utilisé les revenus de ce secteur pour financer des infrastructures, améliorer l'accès à l'éducation et à la santé, et renforcer le tissu économique local. Cette stratégie a permis de réduire les inégalités, tout en favorisant un climat propice aux investissements privés. Il ne s'agit pas d'une solution parfaite, mais elle montre que le marché libre peut être compatible avec une certaine forme de justice sociale, à condition que l'État joue un rôle actif dans la redistribution des fruits de la croissance.

Ce modèle pourrait inspirer d'autres pays africains qui cherchent à libéraliser leur économie tout en limitant les effets négatifs sur les inégalités. L'objectif n'est pas de remettre en cause la liberté économique, mais de reconnaître que cette liberté doit être encadrée pour que chacun puisse en bénéficier. « Un marché sans justice sociale est un marché sans avenir », pourrait-on dire. Cela implique de repenser les politiques fiscales pour qu'elles soient plus progressives, de renforcer les systèmes de protection sociale pour les plus vulnérables, et de mettre en place des politiques de développement régional pour réduire les disparités entre les zones rurales et les grandes villes.

Une autre dimension à considérer est la question de la mobilité sociale. L'un des arguments en faveur du marché libre est qu'il offre à chacun la possibilité de progresser par son travail et son talent. Mais en Afrique, la mobilité sociale reste très limitée, en raison des barrières structurelles comme le faible accès à l'éducation de qualité, la rareté des opportunités dans les zones rurales, ou encore la persistance de systèmes de clientélisme. Dans un tel contexte, la libéralisation risque de figer les hiérarchies sociales existantes plutôt que de les dynamiser. Pour que le marché libre devienne un véritable moteur de mobilité sociale, il faut investir dans la formation, créer des mécanismes de soutien pour les jeunes entrepreneurs, et encourager l'innovation locale. Cela peut se faire par des partenariats public-privé, des incubateurs d'entreprises, ou des programmes de microcrédit pour les populations exclues du système bancaire traditionnel.

Ce que l'Afrique a besoin de comprendre, c'est que la liberté économique, pour être véritablement bénéfique, ne doit pas se réduire à un simple démantèlement des barrières étatiques. Elle doit être pensée comme un processus où les inégalités de départ sont prises en compte, où l'on crée des passerelles pour permettre aux plus démunis de saisir les opportunités de la croissance. Friedrich Hayek et Milton Friedman, en défendant un marché libre, ne s'opposent pas à des mesures visant à créer un cadre plus juste pour l'exercice de cette liberté. Après tout, la prospérité durable repose sur la capacité d'un pays à intégrer toutes ses composantes, à permettre à chacun de contribuer à l'économie et d'en récolter les fruits.

Dans cette perspective, la question des inégalités sociales doit être au centre des réflexions sur l'avenir économique de l'Afrique. Il ne s'agit pas de rejeter le marché libre ; il s'agit de le réinventer, de l'adapter aux spécificités d'un continent où les écarts sont criants. En prenant en compte ces réalités, les gouvernements africains peuvent espérer construire une croissance plus inclusive, où la liberté de chacun devient une force au service de la communauté. Une croissance qui ne creuse pas les écarts, mais qui, au contraire, les réduit, en offrant à chaque citoyen la possibilité de participer à la richesse collective.

Chapitre 7
Les organisations internationales et la promotion du libéralisme

Depuis les années 1980, les organisations internationales telles que le Fonds monétaire international (FMI) et la Banque mondiale ont joué un rôle central dans la transformation des économies africaines. Confrontés à des crises économiques, des déficits budgétaires chroniques et une dette extérieure insoutenable, de nombreux pays africains ont dû faire appel à ces institutions pour obtenir des financements d'urgence. Ces aides financières n'étaient pas offertes sans conditions. Elles s'accompagnaient de ce que l'on appelle des « politiques d'ajustement structurel », un ensemble de réformes visant à libéraliser les économies, à réduire le rôle de l'État et à promouvoir la compétitivité sur les marchés internationaux. Ces réformes, inspirées par les principes du libéralisme économique, ont eu des effets profonds sur les sociétés africaines. Mais étaient-elles réellement conformes aux idées de Friedrich Hayek et Milton Friedman pour produire les résultats escomptés ?

Les programmes d'ajustement structurel (PAS), mis en place par le FMI et la Banque mondiale, se sont concentrés sur plusieurs objectifs clés : réduire les dépenses publiques, privatiser les entreprises d'État, déréguler les marchés, et libéraliser le commerce extérieur. Ces mesures étaient fondées sur la conviction que l'intervention excessive de l'État étouffait la croissance et que seul le marché pouvait redynamiser l'économie. La logique était simple : un État moins coûteux, moins interventionniste, permettrait de rétablir l'équilibre budgétaire et de redonner de la compétitivité aux économies africaines. Ces réformes s'inscrivaient dans la droite ligne de la pensée de Milton Friedman, pour qui « la croissance de l'État est l'ennemi de la liberté économique».

Mais la réalité a souvent été bien différente de la théorie. Les ajustements structurels ont, dans de nombreux cas, été perçus comme des « thérapies de choc », imposées à des pays dont les structures économiques et sociales étaient particulièrement fragiles. Les réductions drastiques des dépenses publiques ont entraîné des coupes dans les secteurs de la santé, de l'éducation et des infrastructures, affectant les populations les plus vulnérables. Les privatisations, menées parfois dans la précipitation, ont abouti à la fermeture de nombreuses entreprises publiques sans que le secteur privé ne soit en mesure de prendre le relais. En Tanzanie, par exemple, la privatisation de certaines industries a entraîné des licenciements massifs, plongeant des familles entières dans la précarité. Le marché libre ne peut fonctionner efficacement que si les conditions initiales sont favorables, ce que Friedman a toujours reconnu. En Afrique, ces conditions étaient rarement réunies au moment des PAS.

Pour Friedrich Hayek, la liberté économique est une condition essentielle de la prospérité, mais elle ne peut être imposée de l'extérieur. En Afrique, les ajustements structurels ont souvent ignoré les spécificités locales et les particularités culturelles. En effet, les sociétés doivent évoluer à leur propre rythme, et la liberté économique ne peut prospérer que si elle est intégrée progressivement dans les traditions et les institutions locales. Or, les PAS ont souvent été appliqués de manière uniforme, sans tenir compte des différences entre les pays africains, créant ainsi des effets de rejet et un sentiment d'imposition de solutions venues de l'extérieur.

En outre, l'un des aspects les plus problématiques des ajustements structurels a été la libéralisation rapide du commerce extérieur. En ouvrant brutalement leurs marchés aux produits étrangers, de nombreux pays africains ont vu leurs industries locales, encore naissantes, être écrasées par la concurrence des produits importés, souvent subventionnés dans leurs pays d'origine. Au Sénégal, par exemple, la libéralisation du secteur de l'agriculture a entraîné un afflux de riz importé, rendant la production locale non compétitive. Les petits producteurs sénégalais, incapables de rivaliser avec les prix bas des importations, ont été contraints de quitter leurs terres, alimentant ainsi l'exode rural et la paupérisation des campagnes. Ici encore, la théorie de la concurrence parfaite prônée par les économistes libéraux se heurte à la réalité des marchés mondiaux inégaux.

Pour que les réformes libérales fonctionnent, il est essentiel de créer un environnement où les producteurs locaux ont les moyens de s'adapter à la compétition. Cela signifie renforcer les infrastructures, améliorer l'accès au crédit, et offrir des formations pour permettre aux entrepreneurs de moderniser leurs techniques de production. Des aspects qui ont souvent été négligés dans les politiques d'ajustement structurel, où la priorité était donnée à la réduction des dépenses publiques plutôt qu'au soutien aux acteurs locaux. Le cas du Ghana illustre bien les ambiguïtés des politiques d'ajustement structurel. Dans les années 1980, sous la pression du FMI, le Ghana a entrepris une série de réformes drastiques pour libéraliser son économie. Le pays a réduit ses subventions agricoles, privatisé des entreprises publiques et ouvert son commerce extérieur. Au début, les résultats semblaient encourageants : le taux de croissance a augmenté, et les investissements étrangers ont afflué. Mais cette croissance n'a pas été durable. Les inégalités entre les zones urbaines et rurales se sont creusées, et la dépendance du pays vis-à-vis des exportations de matières premières (notamment le cacao) est restée forte. Les Ghanéens les plus pauvres, qui dépendaient des services publics pour leur survie, ont été les plus touchés par les coupes budgétaires. Cela montre que la libéralisation, si elle peut générer une reprise économique, ne garantit pas automatiquement un développement inclusif.

Les ajustements structurels ont aussi souvent été perçus comme une perte de souveraineté nationale, ce qui a contribué à alimenter la méfiance envers les organisations internationales. Pour de nombreux Africains, ces réformes étaient le symbole d'un néocolonialisme économique, où les décisions étaient prises à Washington plutôt qu'à Abidjan, Accra ou à Dakar. Cette perception a parfois renforcé les mouvements populistes et les appels au retour à un contrôle étatique des économies. Pour Friedrich Hayek, la liberté économique doit être intimement liée à la liberté politique. Alors que les PAS ont souvent été perçus comme un diktat, sapant la légitimité des gouvernements qui les appliquaient. Les mouvements sociaux, les grèves et les protestations qui ont accompagné ces réformes montrent que la transition vers le libéralisme économique a souvent manqué de légitimité démocratique.

Il est cependant important de ne pas jeter l'ensemble des réformes libérales avec l'eau du bain. Certaines d'entre elles ont permis de moderniser les économies africaines, de rationaliser les dépenses publiques et de créer un cadre plus propice aux affaires. Dans des pays comme le Mozambique ou la Côte d'Ivoire, les réformes du FMI ont contribué à stabiliser les finances publiques et à réduire l'inflation, ce qui a créé un climat plus favorable aux investissements privés. Enfin de compte, pour que ces réformes soient réellement bénéfiques, elles doivent être pensées non comme des « recettes miracles », mais comme des outils à adapter aux réalités locales. Il est crucial que les gouvernements africains soient eux-mêmes acteurs de ces transformations, qu'ils définissent leurs propres priorités de développement et qu'ils aient la liberté de moduler les réformes en fonction des besoins de leurs populations.

Les gouvernements africains qui sont confrontés aux exigences des institutions internationales ne doivent pas hésiter à négocier les conditions des réformes, à faire valoir leurs propres perspectives et à exiger que les ajustements économiques tiennent compte des spécificités de leur pays. Les réformes imposées de manière uniforme n'ont jamais donné de bons résultats, car elles ne prennent pas en compte les particularités économiques, sociales et culturelles de chaque pays. Il est essentiel que les leaders africains participent activement à la définition de leurs stratégies de développement, tout en tenant compte des enseignements de la pensée libérale, au lieu d'en être prisonniers.

L'avenir des relations entre l'Afrique et les organisations internationales dépendra de la capacité des deux parties à établir un partenariat véritablement équilibré, où les réformes économiques ne seront plus perçues comme des diktats, mais comme des solutions concertées pour un développement durable. Le libéralisme économique peut offrir des perspectives intéressantes. Pour cela il doit être accompagné d'une flexibilité, d'une adaptation aux réalités locales et d'un véritable dialogue avec les populations concernées. C'est à cette condition que les principes de Friedrich Hayek et Milton Friedman pourront trouver une application pertinente en Afrique.

Chapitre 8
L'impact des aides internationales sur les économies nationales

L'aide internationale est un sujet complexe et controversé dans le cadre du développement économique africain. Alors que Friedrich Hayek et Milton Friedman prônent des marchés autorégulés et la minimisation de l'intervention étatique, les pays africains ont reçu, depuis les années 1960, des flux massifs d'aides extérieures sous forme de dons, de prêts et de projets de coopération. Ces aides visent souvent à soutenir des programmes de développement, à répondre aux crises humanitaires, ou encore à stabiliser des économies en difficulté.

Dans le contexte d'un modèle libéral, une question fondamentale se pose : ces aides contribuent-elles vraiment à la croissance et à la prospérité des économies africaines, ou bien viennent-elles contredire les principes de l'autorégulation des marchés en introduisant des distorsions et des dépendances ?

Pour comprendre ce débat, il faut revenir aux fondements de la pensée libérale. Friedrich Hayek et Milton Friedman soutiennent que l'intervention de l'État, ou de toute entité extérieure, dans le fonctionnement du marché devait être limitée. Pour eux, c'est la liberté des individus et des entreprises à interagir, à prendre des risques et à s'ajuster aux conditions du marché qui favorise la croissance. Milton Friedman affirme que « le marché libre est le moyen le plus efficace de coordonner les actions des individus » [Friedman, 1962]. Dans cette logique, l'aide internationale, souvent conditionnée à la mise en œuvre de politiques précises, pourrait être perçue comme une forme d'ingérence dans les choix économiques des pays récipiendaires. En d'autres termes, lorsqu'un pays reçoit de l'aide sous la forme de prêts concessionnels ou de programmes d'ajustement structurel, il doit adapter ses politiques aux attentes des bailleurs de fonds, ce qui peut réduire sa marge de manœuvre et limiter sa capacité à définir ses priorités de développement de manière autonome.

Cependant, il serait réducteur de condamner toute forme d'aide internationale au nom de la pureté doctrinale du libéralisme. Il existe des contextes où l'aide peut jouer un rôle positif, notamment lorsqu'elle vient pallier des défaillances structurelles qui empêchent le marché de fonctionner correctement. Dans des pays où les infrastructures de base sont absentes, où l'accès à l'eau, à l'électricité et aux soins de santé est limité, l'intervention extérieure peut permettre de poser les fondations nécessaires pour qu'un marché libre puisse émerger. L'exemple du soutien apporté par les bailleurs de fonds à la lutte contre les maladies comme le paludisme et le VIH/SIDA montre que l'aide internationale peut avoir un impact direct sur le bien-être des populations, en améliorant leur santé et leur productivité.

Cependant, il ne faut pas perdre de vue que ces aides, aussi bien intentionnées soient-elles, peuvent créer des effets pervers. Dans de nombreux pays africains, l'aide internationale a parfois encouragé une forme de dépendance, où les gouvernements, au lieu de développer des politiques fiscales et économiques autonomes, s'en remettent aux financements externes pour boucler leur budget. C'est ce que l'on appelle la « dépendance à l'aide ». Cette situation crée une distorsion par rapport aux principes libéraux, car elle réduit l'incitation à améliorer l'environnement des affaires et à diversifier l'économie. Pourquoi, en effet, faire l'effort de réformer le système fiscal ou de lutter contre la corruption, lorsque des millions de dollars d'aides arrivent chaque année pour combler les déficits ?

Cette dépendance est particulièrement problématique dans le cadre de l'aide budgétaire, où les financements sont directement injectés dans les budgets des États africains. Cela crée un effet de substitution. Au lieu de développer une base fiscale locale, de nombreux pays préfèrent s'appuyer sur les bailleurs de fonds pour financer les services publics. Cette situation est contraire à l'esprit du libéralisme économique, où la responsabilité budgétaire de l'État est un élément central. Pour Milton Friedman, les gouvernements doivent se tenir financièrement responsables devant leurs citoyens, et non devant des institutions internationales. La présence continue de l'aide crée une sorte de « plafond de verre » pour les économies africaines, les empêchant d'accéder à une véritable autonomie financière.

Par ailleurs, l'aide internationale introduit souvent des distorsions sur les marchés locaux en ce sens que les programmes de distribution de denrées alimentaires gratuits ou à bas prix, souvent financés par des agences de développement, peuvent affaiblir les producteurs du pays concerné. Dans certains cas, l'importation massive de céréales, financée par l'aide internationale, a rendu la production locale non compétitive, forçant les petits agriculteurs à abandonner leurs exploitations. Cette situation s'oppose à la logique de Friedrich Hayek, pour qui les prix doivent refléter la rareté et orienter les choix de production et de consommation. En injectant des ressources externes sur le marché, l'aide fausse ces signaux et peut créer des déséquilibres à long terme.

Un exemple parlant est celui d'Haïti, où l'importation massive de riz subventionné a quasiment détruit la production locale, rendant le pays dépendant des importations pour sa sécurité alimentaire. En Afrique, des situations similaires sont observées, avec des conséquences dramatiques pour les agriculteurs locaux. Le marché libre ne peut fonctionner que si les règles du jeu sont équitables. Or, l'aide internationale, en faussant ces règles, risque de favoriser certains acteurs au détriment d'autres, créant des frustrations et des tensions au sein des économies locales.

Malgré tout, il existe des exemples d'utilisation réussie de l'aide internationale pour renforcer la compétitivité des économies africaines, en ligne avec certains principes du libéralisme économique. Le cas du Rwanda est souvent cité comme une réussite. Le gouvernement rwandais, sous la présidence de Paul Kagame, a utilisé l'aide internationale pour financer des projets structurants, tout en veillant à renforcer la transparence et à diversifier les sources de croissance. En investissant dans les infrastructures, l'éducation et la modernisation de l'agriculture, le Rwanda a réussi à attirer des investisseurs privés et à créer un climat favorable aux affaires. La clé de ce succès a été de ne pas utiliser l'aide pour financer des dépenses courantes, mais pour soutenir des réformes qui ont rendu l'économie plus résiliente et plus compétitive.

Cette approche montre que l'aide peut être compatible avec les idées libérales, à condition qu'elle soit utilisée comme un levier temporaire, et non comme une béquille permanente. L'aide doit viser à renforcer les capacités locales, à soutenir la création d'un cadre propice aux investissements privés, et à favoriser l'autonomie économique des pays. Cela signifie que les projets financés par les bailleurs de fonds doivent être conçus en partenariat avec les acteurs locaux, en tenant compte des besoins réels des populations et en s'assurant que les projets soutiennent les dynamiques de marché. Il s'agit d'une aide qui « sème les graines de l'autonomie », plutôt que d'entretenir la dépendance.

Pour que cette approche fonctionne, les gouvernements africains doivent faire preuve de volonté politique et de discipline dans la gestion des ressources mises à leur disposition. Trop souvent, l'aide a été détournée à des fins clientélistes, alimentant des réseaux de corruption et renforçant le pouvoir des élites au détriment des populations. La transparence et la redevabilité sont des conditions sine qua non pour que l'aide ait un impact positif. Dans ce domaine, les principes de Friedrich Hayek et Milton Friedman sur la nécessité de règles claires et de responsabilité individuelle trouvent toute leur pertinence ; une économie ouverte ne pouvant prospérer que dans un cadre où les règles sont respectées.

L'aide doit être utilisée pour combler les déficits structurels et pour créer un environnement où les entreprises locales peuvent prospérer. Elle ne doit jamais se substituer à la responsabilité de l'État de développer ses propres ressources, de mobiliser ses recettes fiscales et de gérer son économie de manière autonome. Il est crucial que les gouvernements africains prennent l'initiative dans les discussions avec les bailleurs de fonds, en fixant leurs propres priorités de développement et en refusant les projets qui ne sont pas alignés avec leurs besoins.

L'impact de l'aide internationale sur les économies africaines reste un grand sujet de débat, mais une chose est certaine : la libéralisation économique ne peut être pleinement atteinte que lorsque les pays africains parviendront à se libérer de la dépendance à l'égard des financements extérieurs. L'aide peut jouer un rôle positif, pourvu qu'elle soit pensée comme un tremplin vers l'autosuffisance, et non comme une solution de long terme. La véritable liberté économique ne peut être atteinte que lorsque les économies africaines seront capables de se tenir sur leurs propres pieds, avec ou sans l'aide de la communauté internationale.

Chapitre 9
L'agriculture et les réformes libérales

L'agriculture est sans conteste le pilier des économies africaines. Elle représente non seulement une part essentielle du PIB dans de nombreux pays, mais aussi une source de subsistance pour des millions de familles rurales. Pourtant, ce secteur, qui devrait être une force, reste souvent marqué par une faible productivité et une vulnérabilité extrême due aux aléas climatiques.

Depuis les années 1980, les réformes économiques libérales ont été introduites dans le secteur agricole africain, avec l'ambition de le moderniser, d'en améliorer la productivité et de renforcer la sécurité alimentaire. Au bilan, quels ont été les effets réels de cette libéralisation ou bien ont-ils accentué les inégalités et fragilisé la résilience des systèmes agricoles locaux ?

Les réformes économiques libérales appliquées au secteur agricole africain ont souvent suivi un schéma similaire. Elles ont consisté à réduire le rôle de l'État dans la commercialisation des produits agricoles, à déréguler les prix des intrants (comme les engrais et les semences), à privatiser les structures de collecte et de distribution, et à encourager l'ouverture des marchés aux produits importés. Ces mesures sont fondées sur la conviction que la concurrence et la liberté de marché stimuleraient la productivité et attireraient des investissements privés, permettant ainsi aux agriculteurs de bénéficier de meilleures opportunités économiques. Cette vision s'inspire directement des idées de Friedrich Hayek et Milton Friedman, pour qui l'intervention étatique est un frein à l'innovation et à l'efficacité économique.

Pour comprendre l'impact de ces réformes sur l'agriculture africaine, il faut reconnaître la diversité des situations locales. Dans certaines régions, la libéralisation a effectivement permis de rendre dynamique le secteur agricole, en ouvrant des débouchés pour les producteurs et en favorisant l'arrivée de nouvelles technologies. Par exemple, au Kenya, la libéralisation de la filière horticole a transformé le pays en un exportateur majeur de fleurs et de légumes frais vers l'Europe. Ce succès est le fruit d'une collaboration entre petits producteurs et entreprises exportatrices, soutenue par des infrastructures de transport et des normes de qualité. Les producteurs kényans ont pu accéder à des marchés lucratifs, et le secteur horticole a contribué à la diversification de l'économie nationale.

Mais ce succès reste l'exception plus que la règle. Dans de nombreux autres pays, la libéralisation agricole a révélé les faiblesses structurelles du secteur. En supprimant les subventions étatiques et en dérégulant les prix des intrants, de nombreux agriculteurs se sont retrouvés dans une situation de vulnérabilité accrue. Les engrais, les semences améliorées et les produits phytosanitaires, autrefois subventionnés, sont devenus inaccessibles pour les petits producteurs, qui ont vu leurs coûts de production augmenter sans pour autant bénéficier de garanties de prix sur leurs récoltes. En Zambie, la fin des subventions sur les engrais a entraîné une chute de la production de maïs, principale culture vivrière du pays, plongeant des milliers de familles dans l'insécurité alimentaire.

L'une des faiblesses majeures de la libéralisation agricole en Afrique réside dans l'absence de structures de marché efficaces. Pour que le marché libre fonctionne, il faut des infrastructures pour acheminer les produits des champs vers les marchés, des systèmes de stockage pour éviter les pertes post-récolte, et des informations fiables sur les prix.

Or, dans de nombreuses régions rurales africaines, ces infrastructures sont inexistantes ou inadaptées. Les routes sont souvent en mauvais état, les systèmes de communication précaires, et les informations sur les prix fluctuent de manière imprévisible. Dans ce contexte, la libéralisation se traduit souvent par une augmentation de la précarité des petits agriculteurs, qui peinent à écouler leurs produits et à s'adapter aux variations du marché.

Le paradoxe de ces réformes est qu'elles ont parfois contribué à affaiblir la sécurité alimentaire dans des pays pourtant riches en terres arables et en ressources agricoles. En ouvrant les marchés à la concurrence internationale, certains pays africains ont vu leurs marchés locaux envahis par des produits importés à bas prix, souvent subventionnés par les pays développés. C'est le cas du secteur rizicole au Sénégal, où les importations massives de riz asiatique ont rendu la production locale non compétitive. Les producteurs sénégalais, qui peinent à atteindre les rendements des producteurs thaïlandais ou vietnamiens, ont été marginalisés, et le pays est devenu dépendant des importations pour nourrir sa population. Cette situation pose la question de la « souveraineté alimentaire », un concept qui entre en tension avec les principes de libre-échange défendus par les théoriciens libéraux.

Pour Friedrich Hayek, la liberté des échanges est un pilier fondamental de la prospérité économique. Pour que cette liberté profite à tous, il faut que les acteurs locaux disposent des moyens nécessaires pour s'adapter à la concurrence. Il ne s'agit pas de fermer les frontières, mais de s'assurer que les agriculteurs africains aient accès aux outils de modernisation agricole, qu'ils puissent bénéficier de formations, et qu'ils aient la capacité de s'organiser en coopératives pour négocier des prix plus justes sur le marché. Sans ces prérequis, le marché libre risque de favoriser les acteurs les mieux équipés et de marginaliser les plus vulnérables.

Un autre enjeu important de la libéralisation agricole est la question de la diversification des cultures. Dans un contexte de marché libre, les agriculteurs sont incités à se spécialiser dans les cultures les plus rentables pour l'exportation. Mais cette spécialisation peut être dangereuse pour la sécurité alimentaire, car elle accroît la dépendance aux marchés internationaux et réduit la résilience face aux crises climatiques ou économiques. En Éthiopie, l'essor des cultures de fleurs pour l'exportation a conduit à une diminution des terres consacrées aux cultures vivrières, ce qui a fragilisé la sécurité alimentaire des régions productrices. La volatilité des prix sur les marchés internationaux expose également les producteurs à des chocs importants, comme ce fut le cas lors de la chute des cours du café, qui a entraîné une crise économique dans plusieurs pays producteurs d'Afrique de l'Est.

Pour éviter ces dérives, il est crucial de promouvoir une approche équilibrée, où la libéralisation s'accompagne de politiques publiques visant à renforcer la résilience des systèmes agricoles locaux. Cela pourrait passer par des programmes de soutien à la diversification, par la création de fonds d'assurance pour protéger les producteurs contre les aléas climatiques, ou encore par le développement de filières de transformation locales pour ajouter de la valeur aux produits agricoles. Il s'agit de créer un « marché libéré mais soutenu », où les agriculteurs peuvent bénéficier de la liberté d'entreprendre tout en étant protégés contre les chocs les plus violents.

Dans ce contexte, les gouvernements africains ont un rôle essentiel à jouer. L'État, loin d'être un obstacle à la modernisation agricole, peut agir comme un facilitateur, en investissant dans les infrastructures rurales, en renforçant la recherche agronomique, et en favorisant l'accès au financement pour les agriculteurs. Contrairement à l'idée de « retrait total » prônée par les néo-libéraux, il est nécessaire de concevoir un État stratège, qui accompagne la transition vers une agriculture plus compétitive et plus résiliente. Cela ne signifie pas un retour aux politiques de contrôle et de subventions généralisées, mais un appui ciblé pour renforcer les capacités des producteurs.

L'exemple du Maroc, avec son « Plan Maroc Vert », illustre comment un État peut conjuguer libéralisation et soutien au secteur agricole. Le gouvernement marocain a promu des partenariats public-privé pour moderniser certaines filières tout en mettant en place des programmes pour soutenir les petits agriculteurs et les aider à accéder aux marchés. Cette approche a permis d'améliorer la productivité agricole tout en réduisant les disparités entre les grandes exploitations et les petites fermes. Il ne s'agit pas de copier ce modèle à l'identique, mais de s'en inspirer pour adapter les réformes à la diversité des contextes africains.

Le marché libre peut être un puissant levier de transformation pour l'agriculture même s'il ne doit pas être perçu comme une panacée. La modernisation agricole nécessite des investissements à long terme, des infrastructures adaptées, et un soutien aux producteurs les plus fragiles. La liberté économique doit être accompagnée de politiques de résilience pour éviter que les réformes ne créent de nouvelles inégalités ou ne fragilisent la sécurité alimentaire. La clé réside dans un équilibre entre la dynamique du marché et les besoins de soutien des acteurs locaux, pour bâtir une agriculture africaine compétitive, inclusive et durable.

Le défi de la libéralisation agricole en Afrique est immense. Il est aussi porteur de promesses. En tirant les leçons des expériences passées, en adaptant les réformes aux spécificités locales et en favorisant l'émergence de filières locales, l'agriculture africaine peut devenir un moteur de développement et de stabilité pour le continent.

Il s'agit de réinventer un libéralisme qui serve les intérêts des agriculteurs et des consommateurs africains, tout en les préparant à relever les défis du marché mondial.

Chapitre 10
La place de l'éducation dans une économie libérale

L'éducation est au cœur de toute société. Elle est bien plus qu'un simple vecteur de transmission du savoir. Elle façonne les individus, forge les citoyens de demain et, surtout, crée les conditions d'un développement économique durable. Dans le cadre d'une économie libérale, telle que prônée par Friedrich Hayek et Milton Friedman, l'éducation prend une place centrale, non seulement comme un droit fondamental, mais comme un outil essentiel pour promouvoir l'innovation, la compétitivité et la croissance. Mais quel type de système éducatif convient le mieux à une économie de marché libre ? Comment l'éducation peut-elle être structurée pour libérer les potentialités individuelles en vue de soutenir le dynamisme économique ?

Pour Milton Friedman, l'éducation est avant tout un vecteur de liberté individuelle. Il soutient que « l'éducation est la clé pour donner aux individus la liberté de choisir leur chemin de vie » [Friedman, 1962]. Son approche repose sur la conviction que l'éducation doit être un espace de choix, où la concurrence entre les établissements et la possibilité pour les parents de choisir l'école de leurs enfants stimulent la qualité de l'enseignement. C'est de cette idée que découle sa proposition de système de vouchers, des bons d'éducation que les familles pourraient utiliser dans l'école de leur choix, publique ou privée. Cette approche permet de créer un marché éducatif compétitif, où les établissements les plus performants attirent davantage d'élèves et sont récompensés pour la qualité de leurs enseignements.

Ce modèle repose sur une idée fondamentale : la concurrence stimule l'excellence. Dans un environnement où les écoles doivent rivaliser pour attirer des élèves, elles sont incitées à innover, à améliorer leurs méthodes pédagogiques et à proposer des programmes adaptés aux besoins du marché du travail. Cette vision correspond à une philosophie libérale où l'État fixe les règles du jeu, mais où ce sont les acteurs privés qui, par leurs interactions, produisent les résultats les plus efficaces. Mais dans le contexte africain, cette approche soulève des questions importantes. Les systèmes éducatifs africains, souvent marqués par un sous-investissement chronique, un manque de structures et de personnel formé, peuvent-ils réellement entrer dans une logique de marché ? Et surtout, comment garantir que les inégalités d'accès à l'éducation ne soient pas amplifiées par cette mise en concurrence ?

La réalité sur le terrain montre que l'Afrique, malgré des avancées notables dans la scolarisation des enfants, reste confrontée à de grands défis en matière de qualité de l'enseignement. Les salles de classe sont souvent surchargées, les enseignants insuffisamment formés, et les programmes scolaires déconnectés des réalités économiques locales. Dans ce contexte, introduire une logique de concurrence entre établissements pourrait, dans un premier temps, accentuer les écarts entre les écoles des grandes villes et celles des zones rurales. Les établissements disposant de moyens plus importants seraient les premiers à bénéficier de la mise en concurrence, tandis que ceux situés dans des régions reculées continueront de lutter avec des ressources limitées.

Cela dit, la vision de Milton Friedman n'est pas entièrement à rejeter. Elle peut être adaptée pour répondre aux spécificités africaines, en encourageant par exemple le développement de partenariats public-privé pour la gestion des établissements scolaires. Dans des pays comme le Ghana, certains programmes pilotes ont permis de créer des écoles gérées par des ONG ou des entreprises sociales, avec le soutien de l'État. Ces initiatives ont montré qu'il est possible d'améliorer la qualité de l'enseignement en s'appuyant sur la dynamique du secteur privé, tout en maintenant un accès gratuit pour les élèves issus de milieux défavorisés. Cela permet d'introduire une dose de concurrence tout en assurant une équité d'accès à l'éducation.

Friedrich Hayek, de son côté, voit l'éducation comme un moyen de développer la capacité des individus à évoluer dans un monde complexe et incertain. Dans sa vision, la liberté économique repose sur la capacité des individus à faire des choix éclairés, à s'adapter aux changements et à saisir les opportunités. L'éducation ne doit donc pas être un simple apprentissage technique, mais une ouverture à la pensée critique, à la créativité et à l'esprit d'entreprise. Pour Hayek, un bon système éducatif est celui qui prépare les individus à « découvrir et créer leur propre voie dans un monde en perpétuelle mutation » [Hayek, 1944].

Cette perspective est particulièrement pertinente pour l'Afrique, où la jeunesse représente une part importante de la population et où les défis de l'emploi sont immenses. Dans un marché du travail en constante évolution, où de nombreux emplois traditionnels sont menacés par l'automatisation et les bouleversements économiques globaux, il est crucial de former des jeunes capables d'innover, de créer leurs propres opportunités, et de s'adapter aux nouvelles technologies. Un système éducatif figé, qui repose sur des méthodes de mémorisation et un programme uniforme, ne peut répondre à ces défis. Au contraire, il faut un modèle d'éducation plus souple, qui encourage les projets, l'expérimentation et le développement de compétences transversales.

En Afrique, des initiatives comme le programme « Andela » au Nigeria, qui forme des jeunes développeurs pour les préparer aux métiers de la tech, montrent qu'il est possible de bâtir des programmes de formation alignés sur les besoins du marché tout en valorisant le potentiel individuel.

Ces programmes, souvent soutenus par des fonds privés, proposent une alternative aux formations classiques en s'appuyant sur des méthodes pédagogiques modernes et un lien direct avec les entreprises. Ils incarnent cette vision d'un libéralisme éducatif qui valorise l'initiative individuelle et la capacité à se former tout au long de la vie.

Un autre point important à aborder est la question du financement de l'éducation dans une économie libérale. Pour Milton Friedman et Friedrich Hayek, le rôle de l'État doit se limiter à garantir un accès minimal à l'éducation, sans pour autant monopoliser sa gestion. Cela soulève la question des frais de scolarité et de la contribution des familles au financement de l'éducation. Dans le contexte africain, où une grande partie de la population vit sous le seuil de pauvreté, cette question est particulièrement sensible. Comment concilier la nécessité de diversifier les sources de financement de l'éducation avec le besoin de garantir un accès équitable pour tous les enfants, quel que soit leur milieu social ?

Ici encore, il est possible de trouver des solutions intermédiaires. Par exemple, le développement de bourses scolaires pour les élèves les plus démunis, financées par des partenariats entre le secteur public et le secteur privé, pourrait permettre de diversifier les sources de financement sans exclure les familles pauvres. De plus, la mise en place de programmes de prêt pour les études supérieures, comme cela se pratique dans certains pays développés, pourrait être envisagée pour faciliter l'accès à l'université. Tout cela nécessite un cadre réglementaire rigoureux pour éviter les dérives et l'endettement excessif des étudiants.

L'éducation joue également un rôle crucial dans la promotion de l'esprit entrepreneurial, un élément central de la dynamique libérale. Pour que les marchés fonctionnent, il faut des individus capables de saisir les opportunités, de créer des entreprises et d'innover. En Afrique, où l'entrepreneuriat informel est déjà très présent, il est essentiel de structurer cette dynamique en offrant aux jeunes les compétences nécessaires pour gérer une entreprise, pour comprendre les bases de la comptabilité, du marketing, et de la gestion des ressources humaines. L'intégration de modules d'éducation entrepreneuriale dès le secondaire, voire le primaire, pourrait aider à développer cette culture de l'initiative.

Le Rwanda, par exemple, a intégré des formations à l'entrepreneuriat dans le cursus scolaire, avec l'idée de former une nouvelle génération de jeunes capables de créer leur propre emploi plutôt que de dépendre des opportunités limitées du secteur formel. Cela rejoint la vision de Friedrich Hayek, pour qui la liberté économique est intimement liée à la capacité des individus à créer de la valeur de manière autonome. Pour que cette approche fonctionne, il faut aussi des institutions financières capables de soutenir ces initiatives, avec des systèmes de microcrédit, des incubateurs et des fonds d'investissement adaptés aux réalités africaines.

Il est essentiel de comprendre que la transition vers un modèle éducatif plus libéral, orienté vers la liberté de choix et la responsabilité individuelle, ne peut se faire sans un accompagnement fort des États africains. L'État doit garantir un socle éducatif de qualité pour tous, et assurer que la mise en concurrence des établissements ne conduise pas à une polarisation entre une éducation d'élite et une éducation au rabais. Il s'agit de concevoir un cadre où la liberté de choix renforce la qualité de l'éducation, sans pour autant sacrifier l'égalité des chances. L'éducation, en tant que bien public, doit rester accessible à tous, même dans une économie libérale.

En définitive, le rôle de l'éducation dans une économie libérale est de former des individus autonomes, capables de s'adapter aux transformations du monde et de participer activement à la création de richesse. Il ne s'agit pas seulement d'acquérir des compétences techniques, mais de développer une ouverture d'esprit, un goût pour l'innovation et une capacité à relever les défis. En Afrique, où les potentiels sont immenses malgré les inégalités souvent criantes, l'éducation peut être la clé d'un libéralisme qui ne se contente pas de libérer les marchés, mais qui libère avant tout les talents et les esprits.

Chapitre 11
L'Afrique et la mondialisation : opportunité ou menace ?

La mondialisation a transformé en profondeur les économies africaines depuis les années 1990. L'ouverture aux marchés mondiaux, la libéralisation des échanges et la circulation des capitaux ont rapproché l'Afrique du reste du monde, offrant de nouvelles opportunités tout en posant de nombreux défis. Cette dynamique, alignée sur les idées libérales de Friedrich Hayek et Milton Friedman, repose sur la conviction que la globalisation des échanges favorise la croissance et l'innovation, et que l'intégration dans l'économie mondiale est un vecteur de développement. Mais cette ouverture a-t-elle réellement renforcé les économies africaines, ou bien les a-t-elle exposées à de nouvelles vulnérabilités ? En d'autres termes, la mondialisation est-elle une chance pour l'Afrique ou une menace pour son autonomie économique ?

Pour Milton Friedman, la mondialisation est une extension naturelle de la liberté économique. En prônant le libre-échange, Friedman estime que chaque nation a à gagner en se spécialisant dans les secteurs où elle possède un avantage comparatif. Cette spécialisation, favorisée par l'ouverture aux marchés mondiaux, permet de maximiser l'efficacité de la production et de réduire les coûts, offrant ainsi aux consommateurs des produits de meilleure qualité à des prix plus bas. Autrement dit, La mondialisation est le moyen le plus efficace de répartir les ressources à l'échelle planétaire dans la mesure où du point de vue économique, elle stimule la concurrence internationale, l'innovation et la croissance.

Cependant, l'application de cette vision en Afrique a souvent révélé des limites importantes. L'ouverture des marchés africains aux produits étrangers a entraîné une compétition féroce pour les producteurs locaux, souvent moins bien équipés et moins productifs que leurs concurrents internationaux. En Côte d'Ivoire, par exemple, l'ouverture du marché du textile a confronté les artisans locaux à une concurrence directe avec les importations de vêtements bon marché en provenance d'Asie. Résultat : de nombreux ateliers locaux ont dû fermer leurs portes, incapables de rivaliser avec les prix très bas des produits importés. Si la théorie libérale postule que la concurrence est bénéfique pour les consommateurs, elle ne tient pas toujours compte des conséquences sociales de la disparition de secteurs entiers de production, et du chômage qui en découle.

La mondialisation a également modifié la structure des exportations africaines. De nombreux pays du continent continuent de dépendre lourdement de l'exportation de matières premières, comme le pétrole, les minerais ou les produits agricoles. Cette dépendance les rend vulnérables aux fluctuations des prix sur les marchés internationaux, une réalité qu'on ne peut ignorer. Pour Milton Friedman, les marchés doivent rester ouverts tout en reconnaissant la difficulté pour les économies qui ne parviennent pas à diversifier leur production de faire face aux aléas du commerce mondial. Lorsque les cours du cacao ou du cuivre s'effondre, ce sont des millions de familles qui se retrouvent plongées dans la précarité, et les gouvernements n'ont souvent que peu de leviers pour amortir le choc.

Cette volatilité des prix pose la question de la résilience économique. Pour que l'ouverture au commerce mondial soit bénéfique à long terme, il est crucial que les pays africains puissent renforcer leurs capacités de transformation et développer des chaînes de valeur locales. La diversification de l'économie est un impératif pour réduire la dépendance aux matières premières brutes. L'Éthiopie, par exemple, a investi massivement dans l'industrie textile et le cuir pour diversifier ses exportations et ajouter de la valeur à ses produits agricoles. Cette stratégie vise à capter une partie de la valeur ajoutée qui, autrement, serait réalisée à l'étranger, et à réduire la vulnérabilité face aux fluctuations des prix mondiaux.

Le libéralisme économique, tel que le défendent Milton Friedman et Friedrich Hayek, met l'accent sur l'ouverture des frontières et la réduction des barrières tarifaires. Mais il faut reconnaître que la mondialisation a également exacerbé les inégalités entre les pays, et même au sein des pays africains. Les régions les mieux connectées aux marchés mondiaux, notamment les grandes villes et les zones portuaires, ont bénéficié d'investissements directs étrangers et de la création d'emplois dans les secteurs orientés vers l'exportation. En revanche, les zones rurales, qui restent majoritairement tournées vers l'agriculture de subsistance, ont souvent été laissées de côté, creusant un fossé de plus en plus large entre les territoires.

Pour que la mondialisation soit une opportunité pour l'Afrique, il est essentiel de renforcer les infrastructures de transport et de communication, afin de mieux connecter les zones rurales aux marchés urbains et internationaux. Cela signifie construire des routes, moderniser les réseaux ferroviaires, et investir dans les technologies de l'information. Ces infrastructures ne sont pas simplement des « coûts » pour les États africains ; elles sont le socle sur lequel une économie ouverte peut se développer de manière équilibrée. Les idées de Friedrich Hayek sur l'importance des infrastructures pour faciliter les échanges sont toujours d'actualité, et les gouvernements africains doivent veiller à ce que cette modernisation ne laisse personne de côté.

La mondialisation a aussi introduit des opportunités de financement inédites pour l'Afrique, à travers les investissements directs étrangers (IDE). Ces flux de capitaux peuvent soutenir la création de nouvelles industries, améliorer les infrastructures et apporter des technologies modernes. Des pays comme le Nigeria ont attiré des investissements massifs dans le secteur pétrolier, tandis que le Kenya est devenu un hub régional pour les technologies de l'information, attirant des entreprises internationales désireuses de s'implanter sur le continent. Cependant, ces investissements sont souvent concentrés dans quelques secteurs stratégiques, créant une forme de dépendance vis-à-vis des entreprises étrangères, et parfois même une asymétrie dans la relation entre investisseurs et États africains.

Un des défis majeurs pour les pays africains est de négocier des partenariats équitables avec les investisseurs étrangers. Cela signifie mettre en place des réglementations claires pour garantir que les investissements profitent aussi aux communautés locales, par exemple en exigeant un transfert de compétences et la création d'emplois locaux. Il ne s'agit pas de s'opposer à la présence des multinationales, mais de veiller à ce que leur implantation contribue à un développement harmonieux. Dans cette optique, l'État a un rôle à jouer pour réguler le marché et s'assurer que l'intégration dans l'économie mondiale ne se fasse pas au détriment de la souveraineté nationale.

La question de la souveraineté est d'ailleurs au cœur des débats sur la mondialisation en Afrique. En ouvrant leurs frontières aux capitaux et aux produits étrangers, les pays africains ont parfois renoncé à une part de leur autonomie économique, se trouvant contraints de suivre les règles fixées par les grandes puissances et les organisations internationales. Cela peut limiter leur capacité à mettre en œuvre des politiques industrielles adaptées à leurs besoins. La mondialisation, telle qu'elle est conçue aujourd'hui, est souvent perçue comme asymétrique, où les pays les plus riches fixent les normes tandis que les pays les plus pauvres doivent s'y plier. Ce constat est en tension avec la vision de

Friedrich Hayek, pour qui la liberté économique est indissociable de la liberté politique.

Pour que la mondialisation devienne une véritable opportunité pour l'Afrique, il est donc crucial que les pays africains puissent négocier leur place dans l'économie mondiale. Cela passe par une meilleure coordination au niveau continental, comme le montrent les efforts de la Zone de libre-échange continentale africaine (ZLECAf). En créant un vaste marché intérieur, les pays africains peuvent renforcer leur poids dans les négociations internationales et attirer des investissements à des conditions plus favorables. La ZLECAf, en favorisant le commerce intra-africain, permet aussi de réduire la dépendance aux marchés extérieurs et de renforcer les chaînes de valeurs locales. C'est une approche qui cherche à réconcilier ouverture aux marchés mondiaux et consolidation du marché régional.

En fin de compte, la mondialisation n'est ni une opportunité pure, ni une menace inéluctable pour l'Afrique. Elle est un processus complexe qui offre des potentialités mais qui expose également à des risques. Pour tirer le meilleur parti de la mondialisation, les pays africains doivent se doter de stratégies adaptées, en veillant à ce que l'ouverture économique soit accompagnée de politiques de soutien aux secteurs vulnérables, de régulations claires pour protéger les intérêts nationaux et de mesures pour favoriser la montée en compétence de leurs populations.

L'Afrique a le potentiel de s'imposer comme un acteur clé de l'économie mondiale. Pour cela, il est essentiel de ne pas se contenter d'ouvrir les portes du marché, mais de construire les fondations d'une économie résiliente et compétitive. C'est en réconciliant les idéaux de la mondialisation avec les réalités locales que l'Afrique pourra espérer transformer les défis en opportunités, et faire de son intégration dans l'économie mondiale un levier de développement pour tous.

Chapitre 12
Le secteur informel : le libéralisme dévoyé ?

Le secteur informel est l'un des visages les plus caractéristiques de l'économie africaine. Il représente non seulement une grande part de l'emploi, mais aussi une source de résilience pour des millions de familles. Vendeurs de rue, artisans, petits commerçants, chauffeurs de moto-taxi, ou encore travailleurs agricoles à petite échelle : ce secteur couvre un éventail d'activités souvent mal définies et échappant à la régulation étatique. Mais que signifie réellement cette prédominance de l'informel dans le cadre des théories libérales de Friedrich Hayek et Milton Friedman ? Est-ce une forme d'économie libérale, où les individus sont libres de produire et d'échanger, ou bien un frein à la mise en place d'un véritable marché régulé ?

Pour Milton Friedman, la liberté économique implique que chacun puisse se lancer dans l'activité de son choix, sans être entravé par une bureaucratie excessive ou des taxes trop élevées. À cet égard, le secteur informel pourrait être perçu comme une incarnation de cet idéal : les entrepreneurs informels exercent leurs activités sans avoir à demander de permis ni à subir de lourdeurs administratives. Ce secteur échappe en grande partie aux réglementations de l'État, et les transactions s'y font directement entre producteurs et consommateurs. Les vendeurs de rue, par exemple, répondent à une demande locale, en offrant des biens et services à des prix souvent plus accessibles que ceux des grandes surfaces. Pour certains observateurs, le secteur informel constitue donc une forme de libéralisme économique, où la loi de l'offre et de la demande s'exerce sans intervention étatique.

Cependant, cette vision optimiste ne prend pas en compte les nombreuses fragilités du secteur informel. La réalité est que ce secteur fonctionne souvent en marge de la légalité, sans filet de sécurité pour les travailleurs et sans garantie de qualité pour les consommateurs. Les travailleurs informels n'ont pas accès à la protection sociale, ne cotisent pas pour la retraite et sont souvent exclus des systèmes de santé. De plus, en étant hors des circuits formels, ces acteurs n'ont pas accès aux financements bancaires classiques, ce qui les empêche de développer leurs activités à une échelle plus grande. Dans ce contexte, le secteur informel peut être vu non pas comme une alternative au marché formel, mais comme un espace de survie, une réponse aux défaillances du marché formel et à l'incapacité des États à fournir des emplois décents.

L'un des paradoxes du secteur informel est qu'il est à la fois un espace de liberté et un espace de précarité. Les vendeurs de rue de Lagos, les artisans de Bamako, ou les petits commerçants de Nairobi exercent leur activité avec une certaine autonomie ; ils doivent aussi composer avec l'incertitude permanente : l'incertitude de vendre suffisamment pour nourrir leur famille, l'incertitude de se faire confisquer leurs marchandises par les autorités locales, l'incertitude de pouvoir se soigner en cas de maladie. Dans cette perspective, on peut se demander si le secteur informel est vraiment compatible avec l'idée de liberté prônée par Friedrich Hayek et Milton Friedman. La liberté économique n'a de sens que si elle s'accompagne d'un minimum de sécurité pour les individus, d'une capacité à faire des projets à long terme. Or, dans le secteur informel, cette sécurité fait cruellement défaut.

Le secteur informel est souvent le reflet d'une économie en transition, où les institutions formelles ne parviennent pas à s'imposer et où les barrières à l'entrée sur le marché formel sont trop élevées. Les coûts administratifs pour enregistrer une entreprise, les taxes et les réglementations strictes découragent de nombreux entrepreneurs africains de passer à la légalité. Au lieu de créer des conditions favorables pour intégrer ces acteurs dans le marché formel, de nombreux gouvernements africains ont préféré ignorer, voire réprimer, le secteur informel, le considérant comme une source de désordre économique. Cette approche est non seulement contre-productive, mais elle est aussi en contradiction avec les principes de l'économie libérale, qui valorisent la liberté d'entreprendre.

Pour tirer parti des dynamiques informelles, il est crucial de repenser les politiques publiques pour favoriser une transition douce vers la formalisation. Plutôt que de voir le secteur informel comme un problème à éradiquer, les États africains devraient le considérer comme un vivier d'entrepreneurs potentiels et de talents à accompagner. Cela pourrait passer par la simplification des démarches administratives pour l'enregistrement des entreprises, par des programmes de microcrédit adaptés aux réalités locales, et par des formations pour améliorer les compétences des acteurs informels. Il ne s'agit pas d'imposer brutalement les normes du secteur formel, mais de créer un pont entre les deux mondes, en reconnaissant les spécificités et les forces du secteur informel.

Le Rwanda, par exemple, a mis en place des initiatives visant à formaliser les petits commerçants en leur offrant des formations sur la gestion financière et l'accès à des espaces de vente régulés. Ces mesures ont permis à de nombreux acteurs informels de rejoindre le secteur formel, tout en conservant leur autonomie et leur flexibilité. Cette transition progressive est une illustration de ce que pourrait être un libéralisme adapté aux réalités africaines : un cadre où l'État joue un rôle de facilitateur, plutôt que de régulateur autoritaire. Cela rejoint la vision de Friedrich Hayek, pour qui l'État doit créer les conditions d'un marché libre, sans chercher à le contrôler directement.

Toutefois, il est important de reconnaître que le secteur informel, dans sa forme actuelle, présente des limites pour la croissance économique à long terme. L'absence de régulation entraîne souvent des problèmes de qualité des produits, de sécurité et de respect des normes environnementales. Dans le secteur de l'artisanat, par exemple, de nombreux produits sont fabriqués sans respecter les standards internationaux, ce qui limite leur accès aux marchés d'exportation. De plus, l'informalité prive les États de ressources fiscales importantes, qui pourraient être réinvesties dans les infrastructures et les services publics. En ce sens, le secteur informel constitue un frein à la mise en place d'une économie de marché structurée et à la mobilisation des ressources nationales.

Pour que le secteur informel devienne une véritable opportunité pour le libéralisme économique en Afrique, il doit évoluer vers une forme de « semi-formalité », où les acteurs sont intégrés dans le tissu économique tout en conservant une certaine souplesse. Cela signifie que les gouvernements africains doivent cesser de considérer le secteur informel comme une anomalie et le reconnaître comme une composante essentielle de leur économie. La reconnaissance des droits des travailleurs informels, l'amélioration de leur accès aux services financiers et la mise en place de plateformes de dialogue entre les acteurs informels et les autorités locales sont autant de pistes à explorer pour construire un environnement plus inclusif.

En définitive, le secteur informel en Afrique n'est ni un obstacle, ni une solution en soi pour le développement économique. Il est le reflet d'une réalité complexe, où des millions de personnes s'efforcent de trouver leur place dans un environnement économique incertain. Le défi pour les théoriciens du libéralisme est de comprendre que la liberté économique doit s'adapter aux contextes locaux, et que la libéralisation ne peut réussir que si elle prend en compte les besoins des populations. Pour que le secteur informel devienne un moteur de croissance, il faut l'accompagner, l'encadrer et le valoriser, tout en évitant de le contraindre par des règles inadaptées.

Le potentiel du secteur informel en Afrique est immense, mais il ne pourra se réaliser que si les États, les acteurs économiques et les organisations internationales travaillent ensemble pour créer un cadre où la liberté économique rime avec sécurité et inclusion. C'est dans cette approche équilibrée que le libéralisme peut trouver sa place en Afrique, non pas comme une utopie théorique, mais comme une voie de développement qui respecte les spécificités et les aspirations de chaque pays. Le secteur informel, loin d'être une faiblesse, peut devenir une force pour l'Afrique, à condition que l'on sache l'intégrer dans une vision de long terme, où l'autonomie des individus est valorisée, mais où personne n'est laissé de côté.

Chapitre 13
Les innovations technologiques et le potentiel de l'économie numérique

La révolution numérique bouleverse les économies à travers le monde, et l'Afrique n'y échappe pas. Ces dernières années, les technologies numériques ont ouvert de nouvelles perspectives pour le développement économique du continent, transformant des secteurs entiers et offrant de nouvelles opportunités à des millions de personnes. Du paiement mobile au e-commerce, des plateformes de microcrédit aux applications agricoles, les innovations technologiques redessinent le paysage économique africain. Dans ce contexte, la question se pose : le libéralisme économique, tel que défendu par Friedrich Hayek et Milton Friedman, est-il compatible avec cette économie numérique émergente ? Et surtout, comment ces innovations peuvent-elles soutenir un modèle de croissance libéral, basé sur la liberté des échanges, la compétitivité et l'autonomie des acteurs économiques ?

Pour Milton Friedman, la technologie représente une chance inouïe de libérer les marchés et de favoriser l'entrepreneuriat. Il voit dans les innovations technologiques un levier pour réduire les coûts de transaction, fluidifier les échanges et faciliter l'accès à l'information. Dans une économie numérique, les barrières à l'entrée sont réduites : n'importe quel entrepreneur peut, en théorie, créer une boutique en ligne, accéder à des plateformes de financement participatif ou vendre ses produits à l'international via Internet. C'est un espace où la concurrence est vive et où la performance repose sur la capacité à innover et à répondre aux attentes des consommateurs. Dans ce cadre, les idées de Friedman sur la liberté de marché trouvent une résonance particulière : le numérique permet aux petits acteurs de rivaliser avec les plus grands, et à chacun de se faire une place en fonction de son talent et de sa créativité.

L'exemple le plus frappant de cette révolution numérique en Afrique est sans doute celui du paiement mobile, illustré par le succès de M-Pesa au Kenya. Lancé en 2007, M-Pesa a permis à des millions de Kényans d'accéder à des services financiers sans passer par le système bancaire classique. Aujourd'hui, les transferts d'argent et les paiements par mobile représentent une part essentielle des transactions au Kenya, permettant aux petits commerçants, aux agriculteurs et même aux artisans de recevoir des paiements en toute sécurité, même dans les zones les plus reculées. Ce succès montre comment la technologie peut contourner les obstacles traditionnels à l'inclusion financière et offrir un espace de liberté économique aux acteurs autrefois marginalisés.

Ce modèle est un exemple emblématique de la manière dont l'économie numérique peut incarner les principes du libéralisme économique : il repose sur la liberté des utilisateurs à choisir les services qui leur conviennent, sans l'intervention des banques traditionnelles, souvent perçues comme inaccessibles ou trop coûteuses. En permettant aux acteurs économiques d'effectuer des transactions directement les uns avec les autres, sans intermédiaire, le paiement mobile incarne l'idéal de l'auto-organisation chère à Friedrich Hayek. Pour ce dernier, la capacité des individus à interagir librement, sans la mainmise de l'État ou des institutions centralisées, est une condition essentielle de la prospérité économique. Le numérique, en facilitant ces interactions réalise en quelque sorte cette vision.

Cependant, cette révolution numérique pose également des défis importants pour les économies africaines. Si le numérique offre des opportunités pour les entrepreneurs les plus dynamiques, il peut aussi creuser les écarts entre ceux qui ont accès à la technologie et ceux qui en sont exclus.

L'accès à Internet reste inégal, avec une fracture numérique entre les zones urbaines et rurales, et entre les pays les plus avancés et ceux où l'infrastructure reste insuffisante. Pour que le numérique soit un vecteur de développement inclusif, il est indispensable que les États investissent dans les infrastructures nécessaires pour connecter les régions éloignées, et qu'ils favorisent l'accès à des formations en compétences numériques. Cette intervention publique est en tension avec l'idée d'un marché totalement autorégulé, indispensable pour garantir que les bénéfices de la révolution numérique soient partagés par tous.

Un autre aspect à prendre en compte est la question de la régulation des plateformes numériques. Si le libéralisme prône la liberté des marchés, il ne s'agit pas pour autant d'une liberté sans règles. La prolifération de plateformes de e-commerce et de services en ligne, souvent dominées par de grandes entreprises, pose des questions sur la protection des données personnelles, la régulation de la concurrence et les droits des travailleurs de la « gig economy ». Des plateformes comme Uber ou Bolt, par exemple, ont transformé le secteur des transports dans de nombreuses villes africaines. Elles ont aussi suscité des critiques pour les conditions de travail des chauffeurs, qui sont souvent perçus comme des « travailleurs précaires » plutôt que comme des entrepreneurs indépendants.

Dans ce contexte, il est crucial de définir un cadre réglementaire adapté qui permette à l'innovation de prospérer tout en protégeant les droits des individus. Friedrich Hayek reconnait lui-même que le marché ne peut pas tout régler et que l'État devait intervenir pour garantir la justice et la protection des droits. La régulation des plateformes numériques peut ainsi se faire de manière à encourager la concurrence, sans pour autant écraser les petits acteurs, en garantissant la transparence des algorithmes ou en veillant à ce que les plateformes ne deviennent des monopoles numériques. Cette approche pourrait permettre de réconcilier l'esprit de la liberté de marché avec les exigences d'une économie numérique juste et équitable.

L'économie numérique offre également un immense potentiel pour transformer les secteurs traditionnels en Afrique, notamment l'agriculture. De nombreuses start-ups africaines ont développé des applications pour connecter les agriculteurs aux marchés, les aider à accéder à des prévisions météorologiques ou à des conseils en matière de pratiques agricoles. Cela permet de réduire les pertes post-récolte, d'améliorer la productivité et de mieux planifier les ventes. En Tanzanie, par exemple, l'application « Agri-wallet » permet aux agriculteurs de stocker virtuellement leurs revenus agricoles, d'accéder à des microcrédits et de planifier leurs achats d'intrants pour la prochaine saison. Ces outils numériques permettent aux petits producteurs de contourner les contraintes liées aux circuits traditionnels de distribution, souvent dominés par des intermédiaires.

Cette dynamique rejoint les principes de Milton Friedman sur l'importance de l'innovation et de l'entrepreneuriat pour stimuler la croissance économique. Le numérique, en démocratisant l'accès à l'information et aux financements, donne aux entrepreneurs africains les moyens de développer leurs activités à moindre coût. Mais pour que cette transition soit durable, il est essentiel que les systèmes éducatifs s'adaptent et forment les jeunes aux compétences numériques. L'intégration de l'enseignement du code et des compétences numériques dès le secondaire pourrait aider à préparer une génération de jeunes africains capables de participer activement à cette économie numérique, de créer des start-ups et de répondre aux besoins de leurs communautés.

Un autre domaine où les technologies numériques jouent un rôle majeur est celui de la gouvernance. Les plateformes numériques peuvent renforcer la transparence des administrations publiques, faciliter les démarches administratives et lutter contre la corruption. Au Rwanda, la numérisation des services publics a permis de réduire les pratiques de pots-de-vin en limitant le contact direct entre les citoyens et les fonctionnaires. Cela favorise un climat d'affaires plus attractif, où la confiance dans les institutions est renforcée. Dans ce contexte, le numérique agit comme un allié des idées de Friedrich Hayek sur l'importance de la transparence et de la prévisibilité des règles pour le bon fonctionnement d'un marché libre.

Néanmoins, la transition numérique doit être menée de manière inclusive pour éviter de reproduire de nouvelles inégalités. Il est crucial de soutenir les initiatives locales, d'encourager l'émergence de start-ups africaines et de développer des plateformes locales qui répondent aux besoins des populations. L'une des erreurs souvent commises par les États africains est de dépendre uniquement de solutions technologiques importées, sans investir dans le développement de compétences locales. Une économie numérique réellement libérale, inspirée par des thèses de Friedrich Hayek et Milton Friedman, peut-être une économie où l'innovation vient de la base, où chaque individu, chaque entrepreneur, a la possibilité de se former, de créer et de prospérer.

Au total, les innovations technologiques offrent à l'Afrique une chance unique de contourner certaines contraintes traditionnelles au développement, d'accélérer la croissance économique et de donner aux jeunes générations les moyens de s'épanouir. Mais pour que cette révolution numérique devienne un levier de croissance libérale, il est essentiel de créer un cadre où la liberté économique s'accompagne de règles claires, où les infrastructures sont à la hauteur des ambitions, et où chacun a la possibilité de participer à la transformation numérique.

C'est en trouvant cet équilibre que l'Afrique pourra bâtir un modèle de croissance inclusif et dynamique, qui repose à la fois sur la liberté de marché et sur la responsabilité partagée.

Chapitre 14
La montée des politiques protectionnistes : quelles conséquences pour le libéralisme ?

La globalisation, avec ses promesses d'intégration économique et de prospérité partagée, a souvent laissé un goût amer dans de nombreux pays africains. Confrontés à des déficits commerciaux persistants, à une concurrence internationale parfois jugée déloyale, et à la vulnérabilité de leurs secteurs stratégiques, certains gouvernements africains ont opté pour un retour au protectionnisme. Des politiques de contrôle des importations, de soutien aux industries locales, ou encore de restriction de certains flux de capitaux, ont vu le jour, remettant en question le paradigme du libre-échange. Mais ce choix de protectionnisme, souvent perçu comme une réaction défensive face aux déséquilibres du commerce mondial, est-il vraiment une contradiction avec les idées de Friedrich Hayek et Milton Friedman ? Ou bien peut-il, dans certaines circonstances, renforcer certains aspects des théories libérales ?

Pour Milton Friedman, le libre-échange est une condition essentielle de la croissance et de la prospérité. Il considère que « les barrières au commerce sont des barrières à la liberté » [Friedman, 1962], et que chaque fois qu'un gouvernement impose des droits de douane ou des restrictions à l'importation, il prive ses citoyens de la liberté de choisir les biens et services les plus adaptés à leurs besoins. Selon cette vision, le protectionnisme fausse les mécanismes du marché, introduit des inefficacités, et finalement pénalise les consommateurs. Friedrich Hayek partage cette perspective en y ajoutant une dimension institutionnelle. Pour lui, la concurrence internationale pousse les économies à s'améliorer en permanence, à innover, et à se rapprocher de leur avantage comparatif naturel. Dans cette optique, fermer ses frontières revient à se priver de l'émulation bénéfique de la compétition mondiale.

Cependant, les réalités économiques de nombreux pays africains ont souvent démenti ces promesses théoriques. En ouvrant leurs marchés aux produits étrangers, sans disposer d'industries locales suffisamment compétitives, beaucoup de nations africaines ont vu leur déficit commercial s'aggraver, leur production locale décliner, et leur dépendance aux importations croître. Prenons l'exemple de la filière textile au Nigeria. Avant les années 1980, le pays disposait d'une industrie textile florissante, employant des centaines de milliers de personnes. La libéralisation rapide des importations a permis l'afflux massif de vêtements à bas prix en provenance d'Asie, entraînant la fermeture de nombreuses usines locales incapables de rivaliser sur les coûts. Face à ce constat, le gouvernement nigérian a récemment réintroduit des barrières tarifaires sur certains textiles pour protéger les producteurs locaux et encourager la relance de l'industrie.

La question est de savoir si ce type de protectionnisme est simplement une mesure défensive, destinée à protéger des secteurs déclinants, ou s'il peut être intégré dans une stratégie de développement à long terme. Pour Hayek et Friedman, le risque est que le protectionnisme devienne un prétexte à la défense de rentes de situation, où les industries locales, à l'abri de la concurrence, se reposent sur leurs acquis sans chercher à innover. C'est ce qui s'est produit dans de nombreux pays africains après les indépendances, où des industries protégées par des barrières douanières ont sombré dans la stagnation, incapables de répondre aux exigences de qualité et de productivité du marché mondial. La protection ne doit pas être une fin en soi, mais un outil temporaire pour permettre aux secteurs stratégiques de se renforcer.

Un protectionnisme « intelligent » pourrait cependant s'inspirer de la vision de Friedrich Hayek sur le rôle de l'État comme garant de la stabilité des institutions et de l'environnement économique. Plutôt que de simplement fermer ses frontières, un pays peut adopter des mesures ciblées pour soutenir les entreprises locales dans leur montée en gamme, favoriser le transfert de technologie, et encourager la création de chaînes de valeurs locales. Cela pourrait inclure des subventions temporaires pour l'achat de machines, des formations pour améliorer les compétences des travailleurs, ou encore des incitations fiscales pour les entreprises qui investissent dans l'innovation. Ces mesures, si elles sont bien encadrées, pourraient permettre de renforcer la compétitivité des entreprises locales avant de les réexposer à la concurrence internationale.

L'Éthiopie offre un exemple intéressant de cette approche. Le pays a adopté une politique de protection de certaines industries, tout en investissant massivement dans les infrastructures et en attirant des investisseurs étrangers pour développer des zones industrielles. La stratégie éthiopienne n'a pas consisté à se couper du commerce mondial, mais à créer les conditions pour que ses industries puissent un jour y jouer un rôle actif. Cette approche rappelle en partie les théories de l'économiste Friedrich List, qui défendait l'idée de protéger temporairement les industries naissantes pour leur permettre de croître avant de les confronter à la concurrence mondiale. Bien que cette vision s'éloigne de la pureté du libéralisme de Friedman, elle n'est pas forcément incompatible avec une logique de développement où l'ouverture au marché doit se faire de façon progressive.

La montée du protectionnisme en Afrique peut aussi être une réaction aux inégalités générées par la mondialisation. Dans de nombreux pays, les élites urbaines et les grandes entreprises ont profité de l'ouverture des marchés, tandis que les secteurs agricoles et industriels traditionnels, souvent situés en milieu rural, ont souffert de la concurrence internationale. Le protectionnisme est alors perçu comme une manière de rééquilibrer les bénéfices de la mondialisation, en offrant une « bulle » de protection à des secteurs vulnérables. Mais ce choix a aussi un coût pour les consommateurs, qui doivent payer plus cher pour les produits protégés. La difficulté est de trouver un juste milieu, où la protection des producteurs ne se fait pas au détriment du pouvoir d'achat des ménages.

Un autre aspect à considérer est la question de la souveraineté économique. Pour de nombreux dirigeants africains, la protection de certains secteurs stratégiques est avant tout une question de souveraineté. La pandémie de Covid-19 a révélé les fragilités de la dépendance aux chaînes d'approvisionnement mondiales, avec des pénuries de biens essentiels comme les médicaments ou les équipements médicaux. Face à ces risques, plusieurs pays africains ont adopté des politiques pour renforcer leur autonomie dans des secteurs clés, comme la production de médicaments, les produits alimentaires, ou les énergies renouvelables. Pour Milton Friedman, une telle approche pourrait sembler contrarier le libre-échange, mais elle peut aussi être vue comme une réponse rationnelle à un contexte de vulnérabilité globale. La liberté économique n'a de sens que si elle garantit une certaine résilience face aux chocs externes.

En définitive, le protectionnisme n'est pas nécessairement l'antithèse du libéralisme économique, à condition qu'il soit utilisé de manière stratégique et temporaire. Il peut être un outil pour accompagner la transition d'une économie vers une plus grande compétitivité, à condition de ne pas devenir un carcan permanent. Friedrich Hayek et Milton Friedman insistent sur la nécessité de fixer des objectifs clairs, de définir une date limite pour la levée des protections, et de mettre en place des indicateurs pour mesurer les progrès réalisés. Ils mettent en garde contre le risque de « capture » de ces politiques par des intérêts privés, qui chercheraient à maintenir indéfiniment les avantages obtenus grâce à la protection.

Les pays africains ne doivent pas s'enfermer dans une logique de repli. La protection des entreprises locales doit être utilisée comme un levier de transformation. Elle doit être vue comme une phase transitoire, un tremplin vers une intégration réussie dans l'économie mondiale. Cela implique de rester ouvert aux partenariats internationaux, de continuer à attirer les investissements étrangers, et de préparer progressivement les entreprises locales à la compétition mondiale. Il est aussi crucial de veiller à ce que les bénéfices de la protection soient partagés équitablement, en soutenant par exemple la formation des travailleurs et en investissant dans les régions les plus touchées par la libéralisation.

Un autre point essentiel est de ne pas considérer le protectionnisme comme une fin en soi, mais comme un outil parmi d'autres pour construire une économie résiliente. Les États africains doivent s'efforcer de diversifier leur économie, de renforcer l'éducation et l'innovation, et de développer les infrastructures nécessaires à une production compétitive. Cela passe par une réflexion sur les filières stratégiques à soutenir, en tenant compte des potentiels locaux et des marchés régionaux. La Zone de libre-échange continentale africaine (ZLECAf) pourrait jouer un rôle crucial dans cette stratégie, en créant un vaste marché intérieur tout en protégeant temporairement certains secteurs pour qu'ils puissent se développer avant de se tourner vers l'international.

La montée du protectionnisme en Afrique est donc le reflet d'un débat plus large sur la manière de concilier ouverture au monde et préservation des intérêts nationaux. Elle montre que le libéralisme économique, pour être pertinent, doit s'adapter aux réalités locales et aux aspirations des populations. Les idées de Milton Friedman et Friedrich Hayek, tout en valorisant la liberté de marché, peuvent trouver un écho dans une approche de protectionnisme stratégique, où l'État joue un rôle de catalyseur de la compétitivité et de la résilience. C'est dans cet équilibre entre ouverture et protection que l'Afrique peut espérer construire un modèle de développement solide, capable de tirer parti de la mondialisation tout en maîtrisant ses propres destinées.

Chapitre 15
Le libéralisme économique, une réalité en Afrique ?

La question de savoir si le libéralisme économique peut réellement s'appliquer en Afrique est complexe et multiforme. À travers les différents chapitres de cet ouvrage, nous avons exploré les fondements du libéralisme selon Friedrich Hayek et Milton Friedman, confrontés aux réalités spécifiques des économies africaines. De l'importance de la liberté des marchés à la nécessité d'un État minimal, en passant par les défis de la privatisation, de la mondialisation, et de l'innovation technologique, chaque aspect de la pensée libérale a été analysé à l'aune des expériences africaines. Mais la question fondamentale demeure : le libéralisme économique est-il compatible avec les réalités africaines, ou bien doit-il être adapté pour répondre aux enjeux spécifiques de ce continent ?

Le libéralisme économique repose sur un principe clé : la liberté de l'individu à agir, à entreprendre et à échanger sur un marché ouvert, où l'État n'intervient que pour garantir le cadre légal. Friedrich Hayek et Milton Friedman ont défendu l'idée que cette liberté est la meilleure garantie de la prospérité, car elle libère les forces créatrices de l'homme, incite à l'innovation, et permet une allocation efficace des ressources. En Afrique, l'histoire postcoloniale a montré que le poids de l'État dans l'économie a souvent été un frein à cette dynamique. Des systèmes centralisés, hérités de la période coloniale, ont tenté de planifier le développement, de contrôler les prix, et de nationaliser les ressources. Ces expériences se sont souvent soldées par des échecs, des inefficacités, et des niveaux de corruption élevés, qui ont renforcé la méfiance à l'égard de l'intervention étatique.

Sur ce point, les pensées de Friedrich Hayek et Milton Friedman semblent trouver une résonance particulière. Les exemples de privatisations réussies, bien que rares, montrent qu'un certain retrait de l'État peut favoriser la dynamisation de certains secteurs. Le cas des télécommunications dans des pays comme le Sénégal ou le Kenya est révélateur : la libéralisation de ce secteur a permis de briser le monopole des entreprises publiques, de stimuler la concurrence, et de faire baisser les prix tout en améliorant la qualité des services. Mais ces succès restent souvent l'exception plutôt que la norme, et les échecs de privatisations mal préparées, comme celles observées dans le secteur de l'eau en Tanzanie, montrent que le retrait de l'État doit être accompagné de garde-fous pour éviter que les intérêts privés ne prennent le pas sur l'intérêt général.

Le libéralisme économique est également confronté à une autre réalité incontournable en Afrique : les profondes inégalités sociales et économiques. L'argument de Friedrich Hayek selon lequel « la liberté économique est le chemin vers la liberté individuelle » suppose que chacun ait un accès équitable aux opportunités économiques. Or, en Afrique, la répartition inégale des richesses, les écarts entre les zones urbaines et rurales, et l'accès limité à l'éducation et aux financements créent une situation où tous les acteurs ne partent pas du même point. Un marché libre, pour fonctionner de manière équitable, nécessite que les règles du jeu soient les mêmes pour tous. Cela implique de renforcer les infrastructures, de démocratiser l'accès à l'éducation, et de développer des mécanismes de protection sociale pour amortir les chocs économiques.

La réalité est que le libéralisme pur, sans intervention correctrice de l'État, risque d'aggraver les inégalités existantes, de concentrer les richesses entre les mains de quelques-uns, et de creuser le fossé entre ceux qui ont accès aux marchés mondiaux et ceux qui en sont exclus. La montée des tensions sociales dans certains pays africains, où les bénéfices de la croissance ont été accaparés par une minorité, montre les limites de cette approche. Il est donc essentiel de trouver un équilibre entre la liberté de marché et la responsabilité de l'État à garantir un minimum de justice sociale. Cela ne signifie pas un retour à l'État providence, mais une prise en compte des fragilités sociales dans la mise en œuvre des réformes libérales.

Le cas du secteur informel, omniprésent en Afrique, illustre parfaitement ce dilemme. D'un côté, il incarne une forme de libéralisme spontané, où des millions de travailleurs et d'entrepreneurs créent leur propre activité, échappant aux contraintes de la bureaucratie étatique. De l'autre, il reflète une situation de précarité, où la liberté économique se conjugue avec l'absence de protection sociale et l'incertitude du quotidien. Pour que le libéralisme ait un sens dans ce contexte, il doit reconnaître la réalité de ces acteurs et créer les conditions pour qu'ils puissent accéder aux services financiers, se formaliser progressivement, et bénéficier de la protection minimale nécessaire pour entreprendre avec confiance.

La mondialisation, elle aussi, pose une question cruciale pour l'avenir du libéralisme en Afrique. L'ouverture aux marchés mondiaux a offert des opportunités aux économies africaines, mais elle les a aussi exposées à des chocs extérieurs, à la volatilité des prix des matières premières, et à une concurrence souvent déloyale. Les idées de Friedman sur les bénéfices du libre-échange se heurtent ici à la réalité des déséquilibres commerciaux. Pour que l'Afrique tire profit de la mondialisation, il ne suffit pas de lever les barrières tarifaires ; il faut aussi investir dans la capacité de production locale, renforcer les infrastructures et diversifier les exportations. Cela demande une intervention stratégique de l'État pour accompagner les secteurs émergents, tout en préparant progressivement leur intégration dans le marché global.

L'un des enjeux clés de l'avenir du libéralisme en Afrique est la capacité des États à adopter une posture de « régulateur stratège », qui facilite le fonctionnement des marchés tout en intervenant là où les défaillances sont trop grandes pour être corrigées par la seule dynamique du marché. Cela rejoint en partie la pensée de Friedrich Hayek sur le rôle de l'État dans la garantie de règles claires et d'un cadre institutionnel stable. Mais il est crucial que cette intervention reste limitée et qu'elle ne se transforme pas en contrôle étatique généralisé, sous peine de retomber dans les travers du passé.

Le potentiel de l'économie numérique, que nous avons exploré dans les chapitres précédents, montre également que le libéralisme peut trouver en Afrique un terrain d'expression fertile, à condition d'être adapté aux réalités locales. Les start-ups africaines, en s'appuyant sur les technologies numériques, ont réussi à contourner certains des obstacles structurels à la croissance, à créer des emplois et à favoriser l'inclusion financière. Ces succès témoignent de la capacité d'innovation des acteurs africains et de leur aptitude à saisir les opportunités offertes par la liberté économique. Mais ils montrent aussi que pour que cette dynamique soit durable, il faut garantir un accès équitable à la technologie, investir dans la formation numérique, et veiller à ce que la révolution numérique ne creuse pas de nouvelles fractures sociales.

En fin de compte, la question de la compatibilité du libéralisme économique avec les réalités africaines ne trouve pas de réponse simple. Le libéralisme peut offrir des outils puissants pour libérer le potentiel économique du continent, en favorisant l'initiative individuelle, en stimulant la compétitivité, et en ouvrant des débouchés sur le marché mondial. Mais il doit être accompagné d'une vision pragmatique, qui prend en compte les spécificités de chaque pays, les besoins de développement des infrastructures, et la nécessité de protéger les plus vulnérables. L'enjeu n'est pas de reproduire à l'identique les modèles de marché des pays développés, mais de construire un libéralisme africain, ancré dans les réalités locales et tourné vers l'avenir.

C'est cette ambition qui doit guider les décideurs africains dans leurs choix économiques : trouver un équilibre entre la liberté des marchés et la responsabilité sociale, entre l'ouverture au monde et la préservation des intérêts nationaux, entre l'encouragement à l'innovation et le respect des règles du jeu. Le libéralisme économique, pour devenir une réalité en Afrique, doit être flexible, pragmatique et centré sur l'humain. Il doit s'adapter aux contextes locaux tout en restant fidèle à ses principes fondateurs de liberté et de responsabilité.

L'Afrique a les ressources, les talents et la créativité nécessaires pour s'imposer comme un acteur majeur de l'économie mondiale. Mais pour que ce potentiel se réalise pleinement, il faut un cadre où la liberté de marché coexiste avec des institutions solides, où la croissance économique s'accompagne de progrès social, et où chaque citoyen a la possibilité de participer à la construction de la prospérité collective. C'est dans cette vision d'un libéralisme adapté, inclusif et résilient que réside l'avenir du développement économique africain. Un libéralisme qui, loin d'être un dogme, devient un outil au service d'une Afrique qui se construit elle-même, selon ses propres priorités et ses propres aspirations.

Conclusion
Le libéralisme économique : un pari à construire, un avenir à inventer

La question de la compatibilité du libéralisme économique avec les réalités africaines, posée au début de cet ouvrage, nous a conduit à explorer les profondeurs de la pensée de Friedrich Hayek et Milton Friedman, tout en confrontant leurs théories aux particularités du continent. Cette conclusion est l'occasion de revenir sur les enseignements tirés, mais surtout de tracer les contours d'un avenir possible pour le libéralisme en Afrique, un avenir qui reste encore à bâtir, mais qui porte en lui l'espoir de solutions adaptées et durables.

Au fil des chapitres, il est apparu clairement que le libéralisme économique ne peut pas être appliqué en Afrique de manière dogmatique, sans tenir compte des spécificités locales. Le continent est marqué par une grande diversité de contextes économiques, de structures sociales et de trajectoires historiques, qui rendent toute approche uniforme inopérante. La vision de Friedrich Hayek, avec sa croyance en l'auto-organisation des marchés et en la capacité des individus à créer leur propre destin, reste une source d'inspiration précieuse. Mais elle doit être enrichie par une compréhension profonde des besoins locaux, des vulnérabilités et des défis spécifiques de chaque pays africain.

Le secteur informel, par exemple, a montré qu'il pouvait être à la fois un espace de liberté économique et un espace de précarité. Les millions de travailleurs et de micro-entrepreneurs qui composent ce secteur sont les véritables acteurs de la résilience économique africaine, mais ils restent souvent à la marge des circuits formels. Le libéralisme, pour être pertinent, doit reconnaître cette réalité et proposer des mécanismes de transition, où l'État joue un rôle de facilitateur, en offrant des formations, des financements et des accès aux infrastructures pour que ces acteurs puissent évoluer vers une économie plus stable et mieux régulée. C'est une approche qui reconnaît l'importance de la liberté économique tout en tenant compte des limites de l'informalité.

Les expériences de privatisation et de libéralisation des marchés en Afrique ont également révélé des résultats contrastés. Si certains secteurs, comme les télécommunications, ont su profiter de la concurrence pour offrir des services plus efficaces et accessibles, d'autres ont vu leur potentiel gâché par une mise en œuvre précipitée, mal encadrée, et parfois dévoyée par la corruption. Le message à retenir est que le retrait de l'État ne doit jamais être un objectif en soi, mais plutôt un moyen de créer un environnement plus dynamique et plus propice à l'innovation. Cela exige une vigilance constante pour éviter les dérives, pour s'assurer que la libéralisation ne se transforme pas en une concentration des richesses entre les mains de quelques acteurs puissants, et pour veiller à ce que les réformes soient guidées par un souci d'équité.

L'ouverture aux marchés mondiaux, quant à elle, a permis à l'Afrique de s'intégrer davantage à l'économie globale, d'attirer des investissements et de créer des ponts avec les économies développées. Mais cette ouverture a aussi mis en lumière les déséquilibres profonds entre les nations, et la difficulté pour les pays africains de s'imposer dans un marché souvent dominé par des puissances économiques mieux armées. Ici encore, le libéralisme ne peut pas être une simple levée des barrières : il doit s'accompagner de politiques de soutien à la compétitivité locale, de stratégies de diversification économique, et d'une volonté affirmée de négocier les termes de la mondialisation, pour que celle-ci devienne un moteur de développement et non une source de dépendance. La création de la Zone de libre-échange continentale africaine (ZLECAf) offre en ce sens une voie prometteuse, en permettant de renforcer le commerce intra-africain tout en préparant les économies locales à affronter la concurrence mondiale.

Mais au-delà des réformes économiques, c'est la dimension humaine du développement qui doit rester au cœur de la réflexion sur le libéralisme en Afrique. La liberté économique ne peut se déployer pleinement que si elle repose sur une liberté plus large : celle d'accéder à une éducation de qualité, celle de bénéficier de soins de santé, celle de participer à la vie économique sans être entravé par les discriminations sociales ou les inégalités. Pour que le libéralisme soit une réalité en Afrique, il doit être au service de l'émancipation des individus, et non d'une simple logique de marché. Cela suppose un travail de longue haleine pour construire des institutions solides, transparentes et responsables, capables de garantir les droits de chacun tout en créant un cadre propice à l'initiative individuelle.

En définitive, le libéralisme économique en Afrique n'est pas un modèle figé, mais un processus en construction. Il ne s'agit pas de reproduire les modèles occidentaux, mais de trouver des solutions qui s'ancrent dans les réalités africaines. Le potentiel est immense : la jeunesse africaine, ses talents, sa capacité d'innovation, sa résilience face aux crises, sont autant de forces qui, bien canalisées, peuvent transformer le continent. Mais pour que ce potentiel se réalise, il faut un libéralisme pragmatique, un libéralisme qui sait s'adapter et qui refuse les dogmes. « L'avenir ne se construit pas en répétant le passé, mais en inventant de nouvelles voies » [Hayek, 1944]. C'est ce défi que l'Afrique doit relever : réinventer le libéralisme pour qu'il devienne un véritable levier de développement, au service de la prospérité collective.

Cette première partie du livre a tenté de poser les bases de cette réflexion, en confrontant les idées de deux penseurs majeurs du XXe siècle aux enjeux du XXIe siècle africain. Il ne prétend pas apporter des réponses définitives, mais plutôt ouvrir le champ des possibles, et inviter les décideurs, les chercheurs et les citoyens à imaginer ensemble un modèle de développement qui réconcilie la liberté économique avec la quête de justice sociale. Le libéralisme économique peut être une réalité en Afrique, mais à la condition qu'il se mette au service des Africains, qu'il écoute leurs aspirations, et qu'il respecte leur diversité. C'est un pari ambitieux, mais c'est aussi une aventure exaltante, où chaque pays, chaque région, chaque communauté, peut apporter sa pierre à l'édifice. Un pari qui, s'il est relevé par l'ensemble des pays, pourra faire de l'Afrique l'un des pôles de croissance les plus dynamiques et les plus justes de ce siècle.

Réferences bibliographiques

Friedman, Milton. Capitalism and Freedom. 1962, University of Chicago Press.

Un ouvrage fondamental où Milton Friedman présente ses idées sur la liberté économique, l'importance du libre-échange, et les limites de l'intervention de l'État. Ce livre sert de base pour comprendre le cadre théorique du libéralisme prôné par Friedman.

Hayek, Friedrich A. The Road to Serfdom. 1944, University of Chicago Press.

Ce livre emblématique explore les dangers de la planification étatique et le rôle essentiel de la liberté individuelle et des marchés libres pour le développement des sociétés. Hayek y critique le contrôle étatique excessif et promeut une société où le marché se régule de lui-même.

Stiglitz, Joseph E. Globalization and Its Discontents. 2002, W.W. Norton & Company.

L'économiste prix Nobel Joseph Stiglitz critique les politiques d'ajustement structurel menées par le FMI et la Banque mondiale en Afrique. Une référence essentielle pour comprendre les effets de la mondialisation sur les économies africaines et les critiques des politiques libérales mal adaptées aux contextes locaux.

Collier, Paul. The Bottom Billion: Why the Poorest Countries Are Failing and What Can Be Done About It. 2007, Oxford University Press.

Cet ouvrage analyse les causes de la stagnation économique dans les pays les plus pauvres, dont beaucoup se trouvent en Afrique. Paul Collier examine les pièges de la pauvreté et propose des solutions pour un développement plus inclusif, dans le contexte de la mondialisation et des réformes économiques.

Acemoglu, Daron & Robinson, James A. Why Nations Fail: The Origins of Power, Prosperity, and Poverty. 2012, Crown Business.

Ce livre explore l'importance des institutions politiques et économiques dans le développement des nations, en soulignant que la prospérité dépend de la qualité des institutions et de leur capacité à garantir des règles du jeu équitables. Une perspective pertinente pour le débat sur la nécessité de réguler les marchés en Afrique.

Mbaye, Ahmadou Aly, et al. The Informal Sector in Francophone Africa: Firm Size, Productivity, and Institutions. 2015, World Bank Publications.

Cet ouvrage analyse le rôle du secteur informel en Afrique francophone, ses défis et son potentiel pour l'économie. Il offre des perspectives sur la manière de mieux intégrer ce secteur à l'économie formelle, en lien avec les débats sur le libéralisme économique.

Deuxième partie

Comment vérifier l'application du libéralisme économique en Afrique ? Tel est l'objet et la finalité de la deuxième partie de ce livre. Une sorte d'étude de cas pour vérifier si les économies africaines intègrent dans leur fonctionnement les principes du libéralisme et comment elles font face aux contraintes qui en restreignent l'efficacité.

Cela dit, l'Afrique reste étrangement prisonnière de frontières économiques qui brident son développement. Partout les marchés font face à des barrières visibles et invisibles qui freinent la dynamique des marchés. Dans une approche libérale, ces contraintes peuvent être levées, permettant au continent de devenir un acteur économique majeur dans un contexte de mondialisation.

Les faits montrent que les économies africaines sont de plus en plus libérales même si elles restent fragmentées, isolées les unes des autres par des frontières héritées du colonialisme, par des politiques protectionnistes et par une infrastructure logistique insuffisante. Les échanges entre les pays africains sont très faibles, environ 14,5% du commerce continental. Les routes commerciales avec le reste du monde sont favorisées au détriment des connexions intra-africaines. Que faire pour un libéralisme efficient sur le continent ? C'est à cette question que cette deuxième partie du livre s'efforce de répondre.

Les réalités qui façonnent les économies africaines montrent que l'Afrique n'est pas un continent homogène, et que chaque pays a ses propres spécificités. Malgré cette diversité, il existe des défis communs auxquels tous les États africains doivent faire face. Parmi ces défis, il y a la fragmentation politique et économique. Les frontières, héritées de l'époque coloniale, continuent de diviser les peuples et les marchés, érigées en barrières qui freinent la libre circulation des biens, des services et des personnes. Ces frontières, bien qu'initialement conçues pour servir les intérêts des puissances coloniales, sont aujourd'hui maintenues par des régimes protectionnistes qui craignent de voir leurs industries locales submergées par la concurrence régionale. Pourtant, ces protections, qui semblent parfois nécessaires, finissent par les isoler encore plus les uns des autres.

De nombreux cas pratiques étudiés dans cette deuxième partie du livre abordent également les politiques commerciales adoptées par les différents pays africains et leurs efforts, parfois timides, pour harmoniser leurs législations dans le cadre d'accords régionaux. L'idée d'une zone de libre-échange continentale, incarnée par la ZLECAf, est une lueur d'espoir, mais sa mise en œuvre se heurte à des difficultés réelles, telles que l'infrastructure déficiente, la méfiance entre États, et une lente adoption des réformes nécessaires. Comment, dans ces conditions, espérer une intégration économique complète si les routes, les chemins de fer et les télécommunications qui devraient faciliter les échanges ne sont pas en place ?

Le transport, élément fondamental pour le commerce, reste un talon d'Achille pour de nombreux pays africains, où les routes sont mal entretenues et où les réseaux ferroviaires sont souvent obsolètes. Un autre frein majeur à l'intégration est la mobilité des personnes. Les Africains, ironiquement, trouvent plus difficile de voyager d'un pays africain à un autre que de traverser les frontières vers l'Europe ou les Amériques. Les visas, les contrôles frontaliers stricts, et les obstacles administratifs freinent aussi bien la circulation des personnes, que l'échange des idées et des talents. Pourtant, une Afrique où les citoyens pourraient circuler librement serait un continent où l'innovation et la productivité seraient décuplées. Il est temps d'explorer les pistes pour une abolition progressive des visas intra-africains et une réduction des obstacles à la mobilité.

Le plus grand défi de l'Afrique reste peut-être le protectionnisme économique. Les barrières tarifaires et non-tarifaires dressées entre les États agissent comme des boulets aux pieds des économies. Les taxes à l'importation, les quotas, et les réglementations restrictives sont justifiés par le désir de protéger les industries locales naissantes, mais ils finissent par rendre le commerce intra-africain plus coûteux et moins compétitif. Le protectionnisme peut être un levier utile dans certaines situations, mais en Afrique, il est souvent pratiqué de manière excessive, au détriment d'une intégration économique plus profonde. Un équilibre entre protection des économies locales et ouverture aux échanges régionaux est nécessaire.

Au-delà des politiques commerciales, il est bon de revenir sur le rôle du secteur informel, la corruption, la bureaucratie excessive, et les défis liés à la monnaie et aux institutions financières. Chacun de ces éléments contribue à façonner la réalité économique actuelle de l'Afrique. En décryptant ces enjeux, non pas que l'on veuille dresser un tableau des contraintes, mais plutôt proposer des solutions concrètes, basées sur des expériences réelles, pour ouvrir la voie vers une Afrique plus intégrée et plus prospère.

Le but ultime des thématiques et des cas choisis est de susciter une prise de conscience parce que l'Afrique ne peut se permettre de vivre divisée alors que le reste du monde s'unifie. L'intégration économique, loin d'être une utopie, est une nécessité urgente pour que les pays africains puissent rivaliser sur la scène internationale. Une Afrique unie, capable de commercer librement en son sein et avec le monde, est non seulement une vision réalisable, mais une voie incontournable pour libérer pleinement le potentiel de ce continent.

Chapitre 1
Les marchés africains, une histoire de l'héritage de l'économie coloniale

Lorsque l'on évoque l'Afrique d'aujourd'hui, il est impossible de dissocier les réalités économiques du continent de l'histoire coloniale qui a, dans bien des aspects, façonné non seulement nos identités nationales, mais également les structures économiques et politiques sur lesquelles reposent les États modernes. Les frontières économiques africaines actuelles sont un héritage direct de cette époque, et pour comprendre pourquoi elles continuent de jouer un rôle si déterminant dans la limitation des échanges, il est nécessaire de plonger dans l'histoire, de remonter à l'époque de la partition coloniale. Ce chapitre cherche à démontrer que ces frontières, conçues sans considération pour les réalités culturelles, ethniques et économiques locales, ont aujourd'hui des effets dévastateurs sur la libre circulation des biens et des personnes.

Il faut rappeler que la colonisation n'était pas simplement un projet d'expansion territoriale. Elle était aussi, et surtout, un projet économique. Les puissances coloniales, cherchant à maximiser leurs profits, ont tracé des lignes arbitraires sur la carte du continent, divisant des peuples qui partageaient des histoires, des cultures et des systèmes commerciaux anciens, en entités politiques distinctes. Ce processus, dicté par la Conférence de Berlin de 1884-1885, a laissé des frontières artificielles qui ne reflétaient pas la réalité du terrain. Ces lignes ont été tracées non pas pour favoriser la prospérité économique des populations locales, mais pour garantir aux colons un contrôle total des ressources et des marchés. Ces frontières étaient avant tout des « frontières de contrôle » – un contrôle sur les richesses naturelles et sur les populations elles-mêmes.

Ces délimitations, en plus de créer des États-nations artificiels, ont également profondément influencé les modes de fonctionnement économique. En morcelant le continent, elles ont coupé des réseaux commerciaux établis de longue date. Par exemple, les routes transsahariennes et les circuits commerciaux qui reliaient l'Afrique de l'Ouest à l'Afrique du Nord ont été fragmentés, soumettant chaque portion à la domination d'une administration coloniale distincte. Des communautés qui avaient l'habitude de commercer librement se sont soudainement retrouvées de part et d'autre de nouvelles frontières, désormais obligées de passer par des douanes et des contrôles pour continuer leurs échanges. Comme le souligne l'historien Basil Davidson, « Les frontières coloniales ont introduit des divisions dans des sociétés traditionnellement unies par des échanges économiques et culturels » [Davidson, 1992].

Aujourd'hui, ces mêmes frontières continuent de peser lourdement sur les relations économiques entre les États africains. Il est vrai que l'indépendance a permis de se libérer du joug colonial, mais elle n'a pas fait disparaître les structures qui avaient été mises en place. En réalité, ces frontières sont devenues des obstacles encore plus rigides aux échanges, renforcées par des régimes douaniers souvent archaïques et une administration excessive. Prenons l'exemple des échanges entre la Côte d'Ivoire et le Ghana, deux nations voisines et pourtant si différentes dans leur gestion des frontières. Il existe une similarité frappante dans leurs produits agricoles – notamment le cacao – pourtant, les frontières entre ces deux pays compliquent les échanges entre producteurs et acheteurs, chaque État imposant ses propres règles commerciales, créant des coûts supplémentaires qui auraient pu être évités.

L'une des premières choses que l'on observe lorsqu'on examine ces frontières est qu'elles ne sont pas seulement physiques, elles sont également mentales. Pendant des décennies, les populations africaines ont intégré l'idée que ces lignes, bien que tracées de manière arbitraire, représentent des entités immuables. Mais il est crucial de comprendre que ces frontières n'ont pas été créées pour encourager la coopération ou la croissance économique, elles étaient conçues pour diviser et régner. Cette mentalité, aujourd'hui encore, freine les efforts d'intégration continentale. « Les frontières ne sont pas seulement des réalités physiques, elles sont aussi des constructions mentales profondément enracinées dans l'imaginaire collectif » (Chabal et Dalloz, 1999).

Le commerce intra-africain est directement impacté par ces frontières héritées. Contrairement à d'autres régions du monde où les échanges régionaux constituent une part importante du commerce total, l'Afrique affiche un taux extrêmement bas. Selon la Banque africaine de développement, le commerce intra-africain ne représente que 14,5 % du commerce total du continent. À titre de comparaison, en Europe, ce chiffre atteint près de 70 %. Une des raisons principales de cette faiblesse est le coût prohibitif des transactions entre pays africains, un coût directement lié à la multiplicité des réglementations et des contrôles aux frontières. Chaque État tente de protéger son marché intérieur, imposant des droits de douane élevés, et des procédures administratives complexes qui ralentissent considérablement la circulation des marchandises. On est loin de la liberté du marché tels que présentée par Milton Friedman et Friedrich Hayek.

Cette situation est d'autant plus paradoxale que de nombreux pays africains ont des économies qui se complètent naturellement. Pourtant, au lieu de renforcer les échanges entre eux, ces États préfèrent souvent commercer avec des partenaires extra-africains. Il est courant, par exemple, de voir des produits fabriqués en Afrique exportés vers l'Europe ou l'Asie avant d'être réimportés en Afrique. Ce phénomène, appelé "le commerce circulaire", est un gaspillage de ressources qui pourrait être évité si les frontières intra-africaines étaient assouplies. La fragmentation du marché africain limite ainsi la capacité des entreprises locales à se développer et à concurrencer efficacement sur la scène internationale.

Un autre aspect fondamental à considérer est l'impact de ces frontières sur la mobilité des personnes. Bien que l'idée d'une Afrique unie soit de plus en plus mise en avant par des initiatives comme la Zone de libre-échange continentale africaine (ZLECAf), la réalité sur le terrain reste éloignée de cette ambition. Les contrôles aux frontières sont souvent lourds, avec des régimes de visa qui varient considérablement d'un pays à l'autre, et des restrictions de voyage qui découragent les échanges humains. Pourtant, comme le souligne l'économiste Paul Collier, « La croissance économique repose en grande partie sur la mobilité des talents et des travailleurs qualifiés » [Collier, 2007]. En d'autres termes, l'incapacité de l'Afrique à encourager la libre circulation de sa main-d'œuvre freine son potentiel de développement.

Prenons un exemple concret : il est souvent plus facile pour un homme d'affaires africain de voyager en Europe ou aux États-Unis que dans un autre pays africain. Les démarches administratives, les frais de visa, et les contrôles de sécurité rigides aux frontières africaines dissuadent les entrepreneurs de développer des relations économiques avec leurs voisins immédiats. Pourtant, encourager cette mobilité intra-africaine serait une véritable aubaine pour l'innovation, le partage des compétences, et la croissance des entreprises locales. Le modèle des États africains de la Communauté économique des États de l'Afrique de l'Ouest (CEDEAO), qui a réussi à instaurer une relative liberté de circulation pour ses citoyens devrait s'étendre à tout le continent. Un tel modèle, étendu à l'ensemble du continent, permettrait non seulement de fluidifier les échanges, mais aussi de stimuler l'économie africaine dans son ensemble.

Un dernier point à souligner est que ces frontières artificielles, tout en freinant le commerce et la mobilité, contribuent également à entretenir des tensions politiques et ethniques. La division artificielle de groupes ethniques entre plusieurs États a souvent mené à des conflits frontaliers. Des communautés qui partageaient autrefois des liens économiques et culturels solides se sont retrouvées opposées, et ces tensions sont régulièrement exacerbées par des politiques protectionnistes mal adaptées aux réalités locales. Ces divisions économiques et politiques sont une épine dans le pied de toute tentative d'intégration régionale.

Pour avancer, il est impératif que les États africains reconnaissent l'héritage néfaste de ces frontières coloniales et prennent des mesures concrètes pour les rendre moins contraignantes. Cela passe par la simplification des procédures douanières, la réduction des tarifs sur les échanges intra-africains, et surtout, par une véritable volonté politique de promouvoir une coopération transfrontalière. Il est essentiel de comprendre que les bénéfices d'une plus grande intégration économique dépassent largement les risques perçus de perte de contrôle ou de souveraineté nationale.

A l'évidence, bien que les frontières économiques africaines soient un héritage difficile de l'histoire coloniale, elles ne doivent pas être une fatalité. Il est de la responsabilité collective des États de les transformer en des ponts, plutôt qu'en des murs, afin de libérer tout le potentiel économique du continent. Il ne s'agit pas seulement d'une question de libre circulation des biens et des personnes, mais d'un véritable enjeu pour l'avenir économique et politique de l'Afrique.

Chapitre 2
Les politiques commerciales entre Fragmentation et Intégration

Les politiques commerciales africaines sont un champ de bataille où se joue l'avenir économique du continent. D'un côté, il y a un réseau d'États avec des marchés relativement petits, qui tentent de protéger leurs industries locales à travers des politiques protectionnistes. De l'autre, une volonté croissante de créer un marché commun africain à travers des initiatives d'intégration régionale et continentale comme la Zone de libre-échange continentale africaine (ZLECAf). On assiste ainsi à une tension entre la fragmentation des politiques commerciales nationales et les efforts vers une plus grande intégration économique, tout en s'interrogeant sur les raisons qui expliquent la lenteur de la mise en œuvre des accords régionaux sous les regards de Friedrich Hayek et de Milton Friedman.

Lorsque l'on parle de fragmentation, il ne s'agit pas seulement de l'existence de frontières physiques entre les pays africains, mais aussi d'un morcellement des réglementations commerciales. Chaque pays, désireux de protéger ses intérêts économiques nationaux, adopte des politiques qui entrent souvent en conflit avec celles de ses voisins. Il est frappant de constater à quel point le continent, malgré les discours sur l'unité, reste divisé par des approches commerciales divergentes. À titre d'exemple, certaines nations choisissent d'imposer des taxes d'importation élevées sur certains produits pour protéger leurs industries locales, tandis que d'autres optent pour une politique plus libérale afin d'attirer les investisseurs étrangers. Cette disparité crée un environnement où les échanges sont ralentis par une multitude de règles contradictoires, chaque pays poursuivant sa propre stratégie sans réelle coordination avec ses partenaires régionaux.

L'un des problèmes majeurs de cette fragmentation est l'absence d'une vision commune pour l'avenir économique du continent. Chaque gouvernement, pour des raisons parfois compréhensibles, agit en fonction de ses priorités internes. Mais cette myopie économique entraîne des inefficacités à l'échelle continentale. Par exemple, les politiques agricoles du Nigeria, qui visent à protéger les agriculteurs locaux en restreignant les importations, ont des répercussions négatives sur les marchés voisins comme celui du Bénin, où les prix des denrées alimentaires fluctuent en raison de la dépendance aux produits nigérians. Ce genre de situation illustre bien comment les choix économiques d'un pays peuvent directement impacter ses voisins, rendant l'intégration régionale plus difficile.

Face à cette fragmentation, des initiatives comme la ZLECAf se présentent comme une solution prometteuse pour harmoniser les politiques commerciales et renforcer la coopération entre les États africains. La création de la ZLECAf, qui est entrée en vigueur en 2021, représente l'une des avancées les plus significatives vers l'intégration économique et la promotion du libre-échange, fondement du libéralisme économique. Elle vise à créer un marché unique pour les biens et services, où les barrières tarifaires et non tarifaires seront réduites, voire éliminées. Cependant, bien que l'accord soit signé, sa mise en œuvre effective reste lente et laborieuse. Pourquoi ?

L'une des raisons de cette lenteur réside dans les réticences de certains États à ouvrir entièrement leurs marchés. Les dirigeants politiques sont souvent sous pression pour protéger les industries locales, notamment celles encore émergentes ou vulnérables face à la concurrence internationale. Les entreprises africaines, en particulier dans des secteurs tels que l'agriculture et l'industrie, ne sont pas toujours prêtes à affronter la compétition régionale. Il y a une crainte que, dans un marché continental ouvert, les économies plus fortes comme celles de l'Afrique du Sud ou du Nigeria ne dominent, écrasant les industries des pays plus petits ou moins développés. Cette peur est bien fondée, mais elle ne doit pas freiner le processus d'intégration. Au contraire, elle devrait encourager la prise de décisions stratégiques où les États collaborent pour renforcer les secteurs productifs de leurs économies respectives avant d'ouvrir entièrement leurs marchés.

Dans ce contexte, il est crucial que les politiques commerciales soient progressivement harmonisées et que les États travaillent ensemble pour créer un environnement compétitif et équilibré. Comme l'a écrit l'économiste Joseph Stiglitz, « Une intégration économique réussie nécessite non seulement l'ouverture des marchés, mais aussi la mise en place de mécanismes qui protègent les plus vulnérables tout en stimulant l'innovation et la productivité » [Stiglitz, 2006]. Autrement dit, pour que la ZLECAf fonctionne, les pays africains doivent s'engager à améliorer leurs infrastructures, soutenir leurs industries locales par des investissements dans la formation et la technologie, et s'assurer que les gains de l'intégration soient répartis de manière équitable.

Un autre défi majeur à l'intégration réside dans les structures administratives et les capacités institutionnelles des États africains. Pour que des accords comme la ZLECAf fonctionnent, il est nécessaire que les systèmes douaniers, les infrastructures et les processus administratifs soient alignés sur des normes communes. Cela implique des réformes en profondeur dans de nombreux pays, dont les administrations douanières sont encore lentes, corrompues ou inefficaces. Chaque pays ayant des systèmes de taxation différents, des niveaux de développement industriel variés, et des priorités politiques distinctes, il est difficile de trouver une approche universelle qui puisse convenir à tous. Par exemple, la manière dont l'Éthiopie et le Kenya gèrent leurs échanges commerciaux est fondamentalement différente, et la coordination de ces deux modèles sous un même cadre régional nécessite un dialogue permanent et une volonté politique forte.

L'une des solutions recommandées est de renforcer les capacités des institutions régionales comme la CEDEAO ou la SADC pour qu'elles jouent un rôle plus actif dans la mise en œuvre des accords commerciaux. Ces institutions ont souvent la légitimité et l'expertise nécessaire pour coordonner les efforts entre les États membres, mais elles manquent de moyens financiers et techniques pour véritablement impacter les politiques commerciales nationales. Renforcer leur rôle en leur donnant des pouvoirs de surveillance et d'arbitrage des différends commerciaux, pourrait accélérer l'harmonisation des politiques.

Il est également nécessaire d'impliquer davantage le secteur privé dans ce processus. Trop souvent, les accords commerciaux sont négociés au niveau gouvernemental sans consultation des entreprises locales qui sont pourtant les premières concernées. Un dialogue régulier entre les gouvernements et le secteur privé permettrait de s'assurer que les politiques mises en place sont réellement adaptées aux besoins des entreprises africaines. Cela éviterait que des accords restent sur papier sans être véritablement appliqués. Les entreprises doivent être encouragées à prendre part aux discussions régionales pour exprimer leurs préoccupations et proposer des solutions concrètes qui faciliteraient les échanges transfrontaliers.

Malgré les difficultés rencontrées, les avantages d'une plus grande intégration économique sont indéniables pour rendre opérationnelle le libre-échange continental. Une fois pleinement mise en œuvre, la ZLECAf pourrait augmenter les échanges intra-africains de manière exponentielle. Selon la Banque mondiale, l'abolition des barrières commerciales intra-africaines pourrait ajouter plus de 450 milliards de dollars au PIB du continent d'ici 2035. Ces bénéfices sont énormes, non seulement en termes de croissance économique, mais aussi en matière de création d'emplois et de réduction de la pauvreté.

L'intégration permettrait également aux pays africains de mieux se positionner sur les marchés mondiaux en renforçant leur pouvoir de négociation. Actuellement, de nombreux États africains se retrouvent dans une position de faiblesse face aux grandes puissances économiques comme l'Union européenne, les États-Unis ou la Chine. L'intégration régionale permettrait de créer des blocs économiques plus puissants, capables de négocier des accords commerciaux plus équitables avec ces partenaires étrangers. En outre, cela encouragerait la diversification économique, un facteur clé pour sortir de la dépendance excessive aux matières premières. En facilitant les échanges de biens et services à haute valeur ajoutée au sein du continent, l'intégration stimulerait l'industrialisation et l'innovation en Afrique.

En résumé, l'intégration est un processus complexe mais crucial pour l'avenir économique de l'Afrique. Les divergences de vue dans les politiques commerciales, héritées de décennies de protectionnisme et de priorités nationales fragmentées, ne doivent pas être perçues comme des obstacles insurmontables. Au contraire, elles devraient inciter à un dialogue plus poussé entre les États africains pour trouver des solutions adaptées aux réalités locales tout en poursuivant l'objectif commun d'un marché unique. Ce processus nécessitera du temps, de la patience, et surtout de la volonté politique, mais les bénéfices à long terme en valent la peine. C'est aussi cela le prix à payer pour un libéralisme efficient comme l'ont mis en relief Friedrich Hayek et Milton Friedman.

Chapitre 3
Les infrastructures, un enjeu réel

Lorsqu'on aborde la question du commerce intra-africain, il est souvent facile de pointer du doigt des obstacles tels que les frontières, les politiques protectionnistes ou les divergences commerciales. Cependant, il existe un autre facteur tout aussi critique et pourtant souvent sous-estimé : l'infrastructure. C'est un obstacle réel, qui freine de manière significative la libre circulation des biens et des services sur le continent. En Afrique, l'absence d'infrastructures adéquates - qu'il s'agisse de routes, de chemins de fer, de ports, d'énergie ou encore de télécommunications - crée un environnement où les coûts logistiques deviennent exorbitants et où les entreprises peinent à être compétitives. Il est utile de mettre en lumière comment cette carence en infrastructures constitue une barrière quasi infranchissable pour le développement du commerce intra-africain.

D'abord, il est intéressant de parler du transport, un domaine où les insuffisances sont criantes. Le manque de routes et de chemins de fer interconnectés sur le continent reste l'un des plus grands défis à relever. Imaginez-vous être un commerçant qui tente de déplacer des marchandises du centre du Cameroun vers le Kenya. Ce qui devrait être un parcours relativement simple, avec une infrastructure adéquate, devient un véritable cauchemar logistique. Les routes principales sont souvent en mauvais état, les infrastructures ferroviaires sont quasi inexistantes dans certaines régions, et les réseaux de transport interurbains sont fragmentés. Résultat : les coûts de transport deviennent exorbitants et les délais de livraison s'allongent considérablement.

Un autre exemple est celui du chemin de fer. Si l'on compare avec d'autres régions du monde, comme l'Europe ou l'Asie, où les chemins de fer sont les artères essentielles du commerce interrégional, l'Afrique accuse un retard flagrant.

Les voies ferrées, là où elles existent, sont souvent vétustes, mal entretenues et largement insuffisantes pour relier les centres économiques du continent. Les marchandises qui pourraient facilement être transportées par train finissent souvent par être déplacées par camion sur des routes inadaptées. Cela non seulement augmente les coûts, mais aussi les risques de détérioration des biens pendant le transport. Dans plusieurs pays, les réseaux de transport sont encore hérités de l'époque coloniale, conçus pour relier les centres de production de matières premières aux ports, sans réelle considération pour les échanges intra-africains. Ce qui pose la question suivante : comment peut-on espérer renforcer le commerce sur le continent quand les infrastructures qui devraient le soutenir ne sont tout simplement pas là ?

Les infrastructures routières représentent un autre défi majeur. Bien que l'Afrique ait réalisé des progrès considérables au cours des dernières décennies, notamment avec la construction de nouvelles autoroutes et routes transnationales, de vastes zones du continent demeurent coupées du reste en raison de l'état lamentable des routes. Par exemple, en Afrique de l'Ouest, un commerçant tentant de transporter ses marchandises du Mali vers le Sénégal pourrait rencontrer des obstacles majeurs sur les routes secondaires, souvent impraticables pendant la saison des pluies. Ce manque de connectivité entre les régions rurales et les centres urbains fait grimper les coûts et limite l'accès aux marchés régionaux pour de nombreuses entreprises locales.

Les ports africains sont également un point névralgique. Avec près de 90 % des échanges mondiaux de marchandises se faisant par voie maritime, l'Afrique, en tant que continent bordé par de vastes côtes, devrait être bien placée pour tirer parti du commerce maritime. Cependant, les ports africains souffrent de sous-investissement chronique. Ils sont souvent congestionnés, mal équipés et incapables de gérer efficacement les volumes croissants de marchandises.

Cette congestion entraîne des retards significatifs, parfois de plusieurs semaines, pour le déchargement des marchandises, ce qui alourdit encore les coûts pour les importateurs et exportateurs africains. Les infrastructures portuaires, telles que les quais, les grues, et les systèmes informatiques de gestion des cargaisons, sont largement obsolètes dans de nombreux pays. Ainsi, même lorsque des accords commerciaux sont signés pour encourager le commerce intra-africain, les produits finissent par rester bloqués dans les ports en raison de l'incapacité à gérer ces flux efficacement.

Il faut aussi attirer l'attention sur le rôle crucial de l'énergie dans la facilitation des échanges commerciaux. Sans une source d'énergie fiable, l'activité industrielle et commerciale s'effondre. Pourtant, une grande partie de l'Afrique subsaharienne continue de souffrir d'un accès limité à l'électricité. Dans de nombreux pays, les coupures du courant électrique sont fréquentes et durent parfois des jours. Les entreprises sont souvent contraintes de s'appuyer sur des générateurs, augmentant ainsi leurs coûts de production. Ce manque d'énergie stable constitue un frein majeur à l'industrialisation et, par conséquent, à l'exportation de biens à valeur ajoutée. Si l'Afrique veut véritablement intégrer son marché, elle doit impérativement investir dans des infrastructures énergétiques modernes et fiables. Des initiatives telles que le projet Grand Inga en République démocratique du Congo, qui vise à produire de l'énergie hydroélectrique pour plusieurs pays africains, sont encourageantes, mais elles doivent être multipliées pour répondre à la demande croissante.

Les télécommunications, dans une ère où le commerce électronique prend une place de plus en plus importante, jouent également un rôle déterminant. Pourtant, l'Afrique est encore loin d'avoir les infrastructures numériques nécessaires pour soutenir un commerce intercontinental fluide.

Dans certaines régions rurales, l'accès à Internet est pratiquement inexistant, et même dans les grandes villes, les réseaux sont souvent instables. Le manque de connectivité numérique freine non seulement la circulation de l'information, mais aussi l'expansion des entreprises locales vers des marchés régionaux. Il est important de noter que les technologies de l'information et de la communication (TIC) peuvent agir comme un catalyseur pour surmonter certaines des autres faiblesses infrastructurelles. Avec une bonne connectivité numérique, il devient plus facile de coordonner les chaînes d'approvisionnement, de faciliter les transactions et de connecter les commerçants avec de nouveaux clients à travers le continent.

Dans ce contexte, il devient évident que l'investissement dans les infrastructures doit être une priorité absolue pour les gouvernements africains. Mais où commencer ? la réponse est toute simple : Il faut prioriser la connectivité régionale. Il est essentiel de se concentrer sur des projets qui relient les pays entre eux, au-delà des frontières nationales. Il ne sert à rien de moderniser les infrastructures internes si elles ne permettent pas de créer des corridors économiques qui relient les marchés régionaux. Des projets comme l'autoroute transafricaine, qui vise à relier plusieurs pays du nord au sud et de l'est à l'ouest, sont des initiatives cruciales pour transformer le commerce intra-africain. En outre, il est nécessaire que les gouvernements s'associent avec des partenaires privés pour mobiliser les financements nécessaires à ces infrastructures. Des partenariats public-privé peuvent accélérer la mise en place d'infrastructures modernes et adaptées, tout en garantissant leur durabilité.

Les infrastructures de transport multimodal doivent également être envisagées. L'intégration du transport routier, ferroviaire, maritime et aérien est une approche stratégique pour surmonter les carences dans chaque secteur. Par exemple, la combinaison de routes améliorées avec des réseaux ferroviaires modernisés permettrait d'accélérer la circulation des biens, de réduire les coûts logistiques et d'augmenter la compétitivité des entreprises africaines sur les marchés régionaux et mondiaux. De plus, la construction de centres logistiques régionaux, équipés de technologies modernes de gestion des stocks, peut aider à rationaliser les chaînes d'approvisionnement.

Finalement, une intégration réussie des infrastructures en Afrique nécessite également une vision à long terme. Il ne s'agit pas seulement de construire plus de routes, de ports ou de centrales électriques, mais de développer des infrastructures résilientes et durables qui puissent soutenir la croissance future. L'Afrique est à un tournant crucial de son développement économique, et les décisions prises aujourd'hui en matière d'infrastructures détermineront si le continent pourra véritablement réaliser son potentiel en matière de commerce intra-africain.

Cela dit, la réalisation du libéralisme économique de Milton Friedman et Friedrich Hayek repose sur le développement des infrastructures nationales et internationales ; celles-ci influencent chaque aspect du commerce sur le continent. Comme l'a écrit l'économiste Robert Solow, "La croissance économique à long terme dépend fondamentalement de l'investissement dans les infrastructures" [Solow, 1956].

Chapitre 4
Visas et contrôles frontaliers : la mobilité des personnes en question

L'une des grandes ironies de l'Afrique contemporaine est que, bien que nous parlions de l'unité africaine depuis des décennies, il est souvent plus facile pour un Africain de voyager vers l'Europe ou l'Amérique que de se rendre dans un autre pays africain. Les visas et les contrôles frontaliers sont devenus des obstacles majeurs à la mobilité des citoyens africains sur leur propre continent, créant ainsi un frein au développement économique, social et culturel intra-africain. Ce chapitre se concentre sur ces obstacles administratifs qui continuent de diviser l'Afrique, alors même que l'intégration régionale devrait être une priorité absolue.

On peut commencer par un constat simple : la mobilité est un moteur de développement. Que ce soit pour les affaires, l'éducation, le tourisme ou même les échanges culturels, la capacité de circuler librement est essentielle. Or, en Afrique, la mobilité des personnes est largement entravée par des politiques de visa restrictives et des contrôles frontaliers rigides. Il est frappant de constater que de nombreux pays africains exigent des visas pour les ressortissants d'autres pays africains, et ce, même pour des déplacements de courte durée ou à des fins professionnelles. Cela crée une série de barrières qui découragent les voyages, limitent les opportunités économiques et freinent les interactions humaines.

Prenons un exemple concret : un entrepreneur au Sénégal qui souhaite développer des affaires en Angola doit non seulement faire face à des procédures de visa longues et coûteuses, mais il devra également justifier son voyage avec des documents administratifs parfois complexes à obtenir. Il n'est pas rare que des demandes de visa soient refusées sans explication claire, ou que les délais d'obtention soient si longs que le projet initial tombe à l'eau. Ces obstacles administratifs, en apparence mineurs, ont en réalité des conséquences majeures sur le commerce et la collaboration entre les pays africains.

Cette situation est d'autant plus paradoxale que, dans d'autres régions du monde, on observe des tendances inverses. L'Union européenne, par exemple, a adopté des politiques de libre circulation qui ont stimulé non seulement les échanges économiques mais aussi les liens humains entre ses États membres. Le passeport européen est un symbole de cette liberté. En revanche, en Afrique, où la nécessité d'intégration économique est peut-être encore plus pressante, les gouvernements continuent de maintenir des barrières entre les pays. La question est donc de savoir pourquoi. Pourquoi l'Afrique continue-t-elle à s'imposer ces restrictions alors que la libre circulation des personnes pourrait offrir des avantages économiques considérables ?

Les coûts économiques des politiques de visa sont importants. En imposant des restrictions à la mobilité des travailleurs, les gouvernements limitent les opportunités d'emploi et de commerce pour leurs propres citoyens. Selon une étude de la Banque africaine de développement, la suppression des visas intra-africains pourrait entraîner une augmentation de 25 % du commerce entre les pays du continent. De nombreux secteurs économiques, comme le tourisme ou l'entrepreneuriat transfrontalier, pourraient également bénéficier de cette liberté de mouvement. Pourtant, malgré ces chiffres prometteurs, les progrès vers une suppression des visas sont lents et inégaux.

Il existe un certain nombre de raisons qui expliquent cette résistance à l'ouverture. Tout d'abord, beaucoup de gouvernements africains craignent que la suppression des visas entraîne une augmentation de l'immigration illégale ou une concurrence pour les ressources limitées. Cette peur, bien qu'elle puisse sembler légitime à première vue, est souvent exagérée. Des études montrent que la plupart des migrations intra-africaines sont temporaires et motivées par des opportunités économiques ou des raisons familiales. De plus, une gestion plus efficace des frontières et une coopération accrue entre les services d'immigration des différents pays africains pourraient atténuer ces craintes.

Un autre obstacle est lié aux différences de niveaux de développement économique entre les pays africains. Certains gouvernements estiment que l'ouverture de leurs frontières à la libre circulation pourrait entraîner une "fuite des cerveaux", où les travailleurs qualifiés émigreraient vers des pays économiquement plus prospères. Ce phénomène est bien réel, mais là encore, il ne doit pas être vu uniquement sous un angle négatif. En permettant aux travailleurs qualifiés de circuler librement, les pays d'origine peuvent bénéficier des transferts de compétences, d'investissements et de ressources que ces travailleurs envoient souvent dans leurs pays d'origine. Ce qu'on appelle communément « le Brain drain » peut aussi devenir un « Brain gain » si les politiques sont bien pensées.

Outre les visas, les contrôles aux frontières constituent un autre frein majeur à la mobilité en Afrique. Les points de passage frontaliers sont souvent mal équipés, sous-dotés en personnel, et sujets à des délais interminables. Il n'est pas rare que des voyageurs soient confrontés à des heures d'attente pour traverser une frontière terrestre, surtout dans les pays où les infrastructures routières sont sous-développées. Cela décourage non seulement les voyages d'affaires et le tourisme, mais freine également la libre circulation des travailleurs. Une étude menée par l'Union africaine a révélé que dans de nombreux cas, les contrôles aux frontières sont arbitraires et non harmonisés, ce qui crée une incertitude pour les voyageurs et les entreprises qui souhaitent opérer dans plusieurs pays africains.

Le système de visa électronique pourrait représenter une solution à court terme pour faciliter les déplacements en Afrique. Quelques pays, comme le Rwanda et le Kenya, ont déjà adopté des systèmes de visas électroniques qui permettent aux visiteurs d'obtenir des visas en ligne, réduisant ainsi les files d'attente aux frontières et simplifiant les démarches administratives. Ces initiatives doivent être saluées, mais elles ne sont pas encore largement adoptées à travers le continent. Pour encourager une plus grande mobilité, il serait pertinent de généraliser ces systèmes à l'échelle régionale, voire continentale, tout en s'assurant que les systèmes de contrôle aux frontières soient modernisés et que les agents soient formés pour gérer ces flux de manière efficace et sécurisée.

Pour débloquer le potentiel de la mobilité intra-africaine, il est crucial que les gouvernements prennent des mesures concrètes vers la suppression progressive des visas. Une des pistes proposées est d'encourager l'adoption d'accords bilatéraux ou régionaux permettant aux citoyens de circuler sans visa entre les pays participants. La CEDEAO, par exemple, a déjà instauré une politique de libre circulation pour ses membres, ce qui permet à des millions de personnes de voyager sans visa dans 15 pays d'Afrique de l'Ouest. Cette initiative pourrait servir de modèle pour d'autres régions, comme l'Afrique australe ou l'Afrique centrale.

On peut également recommander la création d'un passeport africain unique, une initiative déjà envisagée par l'Union africaine mais qui peine à se concrétiser. Ce passeport faciliterait les déplacements sur l'ensemble du continent et symboliserait un pas décisif vers une véritable union africaine. L'Union africaine a lancé cette initiative en 2016, et bien que certains hauts responsables aient déjà reçu ce passeport, sa mise en œuvre à grande échelle reste un défi. Pour que cette vision devienne réalité, il faut que les États africains surmontent leurs craintes en matière de sécurité et de migration, et qu'ils adoptent une vision commune de l'avenir.

Comme l'écrivait l'économiste Amartya Sen, "la liberté de mouvement est une condition essentielle pour réaliser le potentiel économique et humain des individus" [Sen, 1999]. En permettant aux Africains de voyager librement sur leur propre continent, c'est ouvrir la voie à une coopération accrue, à une meilleure répartition des compétences et à une stimulation des échanges économiques. Les avantages de la suppression des visas vont au-delà des simples considérations économiques. Ils touchent également à la dignité humaine. Trop souvent, les Africains se sentent prisonniers de leurs propres pays, incapables d'explorer les opportunités offertes par leurs voisins en raison de barrières administratives inutiles. En supprimant ces obstacles, cela peut permettre non seulement une plus grande mobilité des populations, mais aussi le renforcement des liens entre les peuples africains.

Enfin, il est important de souligner que la suppression des visas ne doit pas se faire de manière précipitée. Une approche progressive, adaptée aux réalités locales, est essentielle pour garantir que cette initiative soit couronnée de succès. Les gouvernements africains devraient commencer par supprimer les visas pour les voyages d'affaires et les visites touristiques de courte durée, tout en conservant des mécanismes de contrôle pour les migrations à long terme. Il serait utile dans cette approche de renforcer les mécanismes de partage de données entre les services d'immigration des différents pays africains afin de garantir que les flux migratoires soient surveillés de manière efficace et sécurisée.

En conclusion, les visas et les contrôles frontaliers, bien qu'invisibles pour beaucoup, constituent l'un des plus grands obstacles à la libre circulation des personnes en Afrique. En supprimant progressivement ces restrictions, les gouvernements arriveront à libérer le potentiel économique du continent, renforcer les échanges culturels et rapprocher les peuples africains dans leur quête d'un avenir commun.

Chapitre 5
L'intégration régionale : quelle réalité ?

L'intégration régionale en Afrique est une idée qui a captivé l'esprit des leaders et des citoyens depuis les premières luttes pour l'indépendance. Elle est perçue comme une clé essentielle pour résoudre les problèmes économiques du continent et pour renforcer sa compétitivité sur la scène mondiale. Depuis la création des premières communautés économiques régionales, telles que la CEDEAO (Communauté économique des États de l'Afrique de l'Ouest), la SADC (Communauté de développement de l'Afrique australe), et la COMESA (Marché commun de l'Afrique orientale et australe), l'objectif d'une intégration économique harmonieuse et d'une union continentale reste un rêve partagé. Cependant, la question demeure : cet idéal est-il réalisable ou reste-t-il un simple rêve ?

Pour répondre à cette question, il est crucial de comprendre ce que l'intégration régionale signifie dans le contexte africain. L'intégration régionale vise à faciliter les échanges économiques et commerciaux entre les États membres d'une région donnée, à harmoniser les politiques économiques, à promouvoir la libre circulation des personnes, des biens, des services et des capitaux, et à renforcer la coopération en matière de sécurité et de développement. Cependant, si l'idée semble séduisante, sa mise en œuvre s'avère beaucoup plus complexe.

Pour comprendre pourquoi l'intégration régionale semble difficile à réaliser pleinement, il est d'abord important de reconnaître les succès que certaines communautés économiques régionales ont pu obtenir. La CEDEAO, par exemple, est souvent saluée pour ses avancées en matière de libre circulation des personnes et pour ses initiatives en faveur de la paix et de la stabilité dans la région ouest-africaine. Depuis 1975, cette organisation a œuvré à la suppression progressive des barrières commerciales entre ses membres, permettant une plus grande fluidité des échanges. Les citoyens des pays membres peuvent voyager sans visa dans cette région, et des progrès ont été réalisés dans la mise en place d'un tarif extérieur commun.

De la même manière, la SADC a fait des avancées importantes en matière d'intégration économique en Afrique australe. Créée en 1992, cette communauté a travaillé à la réduction des barrières commerciales, à l'harmonisation des politiques économiques, et à la promotion d'un marché régional intégré. La SADC a également joué un rôle essentiel dans le soutien des transitions politiques et économiques dans des pays tels que le Zimbabwe et la République démocratique du Congo.

La COMESA, quant à elle, est un exemple d'organisation régionale qui a cherché à promouvoir un marché commun parmi ses États membres. Avec ses 21 pays, elle a mis en place une zone de libre-échange et travaille activement à la réduction des barrières non tarifaires, tout en encourageant les investissements et le développement industriel. La COMESA est également à l'origine de projets d'infrastructure qui visent à améliorer la connectivité entre les pays membres, facilitant ainsi le commerce et les échanges de biens et services.

Cependant, malgré ces succès, il est impossible d'ignorer les nombreux défis qui freinent l'intégration régionale en Afrique. Premièrement, il existe un manque flagrant de coordination entre les différentes organisations régionales. Plusieurs pays africains sont membres de plusieurs communautés économiques régionales à la fois, créant ainsi un chevauchement des mandats, des politiques et des objectifs. Par exemple, un pays peut être membre à la fois de la CEDEAO, de l'Union économique et monétaire ouest-africaine

(UEMOA) et de la Zone de libre-échange continentale africaine (ZLECAf). Ce chevauchement crée une confusion, des inefficacités, et des doublons dans la mise en œuvre des politiques d'intégration. Au lieu d'une harmonisation des règles, il en résulte souvent des divergences qui entravent la véritable intégration régionale.

De plus, les économies africaines sont encore largement basées sur des produits de base, et les structures économiques restent relativement peu diversifiées. Cela signifie que de nombreux pays sont en concurrence pour exporter les mêmes types de produits – comme les matières premières agricoles ou minières – vers les marchés mondiaux, plutôt que de commercer entre eux. Cette absence de complémentarité économique entre les États africains limite les opportunités d'échanges commerciaux intra-africains, et accentue la dépendance aux marchés extérieurs.

Un autre défi majeur est le manque d'infrastructures adéquates pour soutenir l'intégration régionale. Comme évoqué dans le chapitre précédent, les routes, les chemins de fer, les ports et les infrastructures de télécommunications sont souvent insuffisants pour faciliter des échanges fluides entre les pays africains. Sans infrastructures robustes, il est difficile de relier les marchés et de promouvoir des chaînes de valeurs régionales.

Les disparités entre les systèmes politiques et les niveaux de développement économique des pays africains sont également des obstacles majeurs à l'intégration régionale. Certains pays, comme l'Afrique du Sud, le Kenya ou le Nigeria, disposent de grandes économies relativement développées, tandis que d'autres, comme le Niger ou la Somalie, sont parmi les plus pauvres du continent. Ces écarts économiques entraînent des réticences à la mise en place d'un marché commun, les pays les plus pauvres craignant que leurs industries locales ne soient écrasées par la concurrence des pays plus développés.

Sur le plan politique, les différences dans les systèmes de gouvernance et les régimes en place compliquent également les efforts d'intégration. Des pays qui n'ont pas de traditions démocratiques solides ou qui sont confrontés à des conflits internes peuvent voir l'intégration régionale comme une menace à leur souveraineté ou à leur stabilité. Dans certains cas, les régimes autoritaires ou nationalistes perçoivent l'ouverture de leurs frontières comme un risque, ce qui retarde la mise en œuvre des accords régionaux. Ce manque d'uniformité politique rend difficile l'adoption de normes et de politiques communes.

Face à ces défis, la création de la Zone de libre-échange continentale africaine (ZLECAf) représente une avancée majeure vers l'intégration économique du continent. Ce projet ambitieux, qui vise à créer le plus grand marché unique du monde, avec 54 pays participants, est une étape clé vers la réalisation du rêve d'une véritable union continentale. L'objectif de la ZLECAf est de réduire les barrières tarifaires et non tarifaires, de faciliter les échanges commerciaux intra-africains, et de promouvoir le développement industriel du continent. Si elle est mise en œuvre correctement, la ZLECAf pourrait transformer l'économie africaine en un marché intégré capable de rivaliser avec d'autres grandes régions économiques du monde.

Cependant, pour que ce projet devienne une réalité, il faut surmonter plusieurs obstacles. Tout d'abord, la mise en œuvre effective de la ZLECAf nécessite une volonté politique forte de la part des gouvernements africains. Il ne suffit pas de signer des accords – encore faut-il les appliquer. Cela signifie que chaque pays doit revoir ses politiques commerciales, harmoniser ses règles douanières, et s'engager à réduire les tarifs de manière progressive. De plus, il est essentiel de sensibiliser les acteurs économiques, notamment les petites et moyennes entreprises, à ces nouvelles opportunités. La ZLECAf ne pourra réussir que si elle est comprise et adoptée par les entreprises africaines, qui doivent être encouragées à exploiter ce marché unique.

Ensuite, des investissements massifs dans les infrastructures sont nécessaires pour soutenir cette intégration continentale. Comme mentionné précédemment, sans des routes, des chemins de fer, des ports et des réseaux numériques adéquats, les échanges resteront limités, même avec des accords de libre-échange en place. Il est également essentiel de renforcer les capacités institutionnelles des gouvernements africains pour gérer et superviser la mise en œuvre de la ZLECAf.

Enfin, il est crucial que la ZLECAf inclue des mécanismes pour protéger les économies les plus vulnérables du continent. Des mesures de soutien, telles que des fonds d'ajustement ou des programmes de développement ciblés, peuvent aider les pays à faible revenu à s'adapter aux nouvelles réalités économiques et à tirer parti des opportunités offertes par l'intégration régionale.

Alors, l'intégration régionale en Afrique est-elle un rêve ou une réalité en devenir ? En vérité, c'est un peu des deux. Si des progrès considérables ont été réalisés au niveau régional, il reste encore un long chemin à parcourir pour atteindre une véritable union continentale. Les succès de la CEDEAO, de la SADC et de la COMESA montrent que l'intégration est possible, mais les défis économiques, politiques et infrastructurels continuent de freiner le processus. Cela dit, l'ambition africaine d'une union économique et commerciale intégrée est loin d'être irréalisable.

Comme le souligne Kwame Nkrumah dans son célèbre discours de 1963, "L'Afrique doit s'unir" [Nkrumah, 1963]. Cette vision, bien que difficile à atteindre, reste un impératif pour que le continent puisse réaliser son plein potentiel et rivaliser sur la scène mondiale. L'intégration régionale, bien qu'elle semble parfois un objectif lointain, est un rêve pour lequel il vaut la peine de se battre.

Chapitre 6
La liberté du commerce face aux barrières tarifaires et non-tarifaires

Lorsqu'on parle de commerce intra-africain, il est impossible d'éviter la question des barrières tarifaires et non-tarifaires qui subsistent entre les États africains. Ces barrières, mises en place sous diverses formes, sont une manifestation du protectionnisme économique, un phénomène répandu dans de nombreuses régions du monde, mais particulièrement néfaste en Afrique. En limitant la libre circulation des biens et services sur le continent, elles inhibent le potentiel de croissance économique que pourrait générer un marché africain plus intégré.

Il est d'abord important de comprendre la différence entre les barrières tarifaires et non-tarifaires. Les premières concernent principalement les droits de douane, c'est-à-dire les taxes que les gouvernements imposent sur les importations pour protéger leurs industries nationales. Ces tarifs varient d'un pays à l'autre et sont souvent utilisés pour décourager les importations de produits concurrents. Par exemple, un pays qui souhaite protéger son industrie textile pourrait imposer des droits de douane élevés sur les vêtements importés de pays voisins. À première vue, cette stratégie semble logique ; elle aide à protéger les entreprises locales des pressions concurrentielles. Toutefois, cette protection a un coût élevé pour l'économie dans son ensemble. En rendant les produits importés plus chers, les droits de douane réduisent les incitations pour les entreprises à s'améliorer et à innover. En outre, ces droits de douanes empêchent la spécialisation des économies africaines. Une chose essentielle à une intégration commerciale réussie.

Aujourd'hui, la moyenne des droits de douane entre les pays africains est de 8 %, contre seulement 2 % dans d'autres blocs commerciaux comme l'Union européenne. Cela signifie que les entreprises africaines sont confrontées à des coûts beaucoup plus élevés lorsqu'elles cherchent à vendre leurs produits sur les marchés régionaux. Cela a un effet dissuasif sur le commerce intra-africain, qui ne représente que 15 % du commerce total du continent, un chiffre faible comparé à d'autres régions du monde. Si ces droits de douane sont réduits, les pays africains pourront assister à une explosion des échanges commerciaux entre les pays africains.

Imaginez une entreprise de fabrication de chaussures basée au Kenya, qui souhaite exporter ses produits vers l'Ouganda, un pays voisin. Actuellement, cette entreprise doit payer des droits de douane élevés pour faire entrer ses chaussures sur le marché ougandais. Ces tarifs augmentent considérablement le prix de vente, ce qui rend les chaussures kenyanes moins compétitives par rapport à des produits similaires provenant de pays extérieurs à l'Afrique, comme la Chine. En conséquence, l'entreprise kényane se retrouve dans une position désavantageuse sur un marché où elle aurait pu prospérer, et les consommateurs ougandais finissent par acheter des produits moins chers mais importés de l'extérieur du continent. Cette situation montre comment les droits de douane internes à l'Afrique finissent par nuire aux entreprises locales tout en facilitant les importations de produits en dehors du continent.

Quant aux barrières non-tarifaires, elles sont un obstacle tout aussi redoutable. Elles sont encore plus insidieuses que les droits de douane. Elles incluent des réglementations, des normes sanitaires et phytosanitaires, des quotas, des restrictions sur les devises, ainsi que des procédures bureaucratiques complexes qui ralentissent le commerce. Un exemple courant de barrières non-tarifaires est l'imposition de règles strictes en matière d'emballage ou de certification des produits. Bien qu'elles soient souvent justifiées par des préoccupations légitimes – comme la santé publique ou la sécurité des consommateurs – ces règles sont souvent utilisées de manière excessive pour protéger les industries nationales.

Imaginez un producteur de fruits en Côte d'Ivoire qui souhaite exporter ses ananas au Ghana. Ce producteur peut se heurter à des exigences phytosanitaires très strictes qui diffèrent de celles en vigueur en Côte d'Ivoire, obligeant à refaire des tests ou à suivre des normes spécifiques imposées par le Ghana. Ce processus peut s'avérer coûteux et chronophage, retardant la livraison des produits et augmentant les coûts pour l'exportateur. Finalement, le producteur se retrouve dans une situation où il lui est plus difficile et plus coûteux de vendre ses produits dans un pays voisin africain que de les exporter en Europe, où les règles sont parfois plus harmonisées grâce à des accords bilatéraux ou régionaux.

Les formalités douanières complexes et les longues procédures de dédouanement constituent également un autre exemple de barrière non-tarifaire. Dans de nombreux pays africains, le temps moyen pour dédouaner des marchandises est de plusieurs jours, voire de plusieurs semaines, en raison d'une bureaucratie inefficace, de la corruption ou du manque d'infrastructures. Ces délais entraînent des pertes financières pour les entreprises, qui voient leurs marchandises immobilisées, et réduisent leur compétitivité.

À première vue, les barrières tarifaires et non-tarifaires peuvent sembler justifiées, surtout pour des économies qui cherchent à protéger leurs industries locales encore en croissance. Cependant, il est essentiel de comprendre que le protectionnisme a des effets à long terme qui peuvent freiner la croissance économique. Lorsque les pays africains se ferment les uns aux autres, ils limitent non seulement la diversité des produits disponibles sur leurs marchés, mais ils réduisent également les opportunités d'innovation et d'apprentissage mutuel entre les entreprises. Ce qui est contraire aux principes du libéralisme économique tel que présentés dans la première partie par Friedrich Hayek et Milton Friedman.

Le protectionnisme renforce également une dépendance malsaine envers les partenaires commerciaux extérieurs, principalement en Europe, en Asie et en Amérique du Nord. En protégeant leurs industries locales des produits africains, de nombreux pays finissent par favoriser les importations de biens et services provenant de l'extérieur du continent. Cette situation perpétue le cycle de dépendance aux marchés mondiaux et prive les entreprises africaines des bénéfices potentiels du commerce régional. Un marché africain plus ouvert permettrait de créer des chaînes de valeurs régionales où les pays se spécialiseraient dans des secteurs dans lesquels ils ont un avantage comparatif, stimulant ainsi la croissance économique et l'emploi.

Pour surmonter ces obstacles, il est essentiel de repenser les politiques commerciales. Le libre-échange intra-africain doit être vu comme une opportunité de développement, et non comme une menace. Les accords comme la ZLECAf (Zone de libre-échange continentale africaine) représentent une avancée majeure dans cette direction. En réduisant progressivement les droits de douane et en harmonisant les réglementations non tarifaires, la ZLECAf pourrait transformer le paysage commercial africain, ouvrant de nouvelles perspectives pour les entreprises locales. Cependant, pour que cet accord tienne ses promesses, il est crucial que les pays africains s'engagent à l'appliquer de manière rigoureuse et transparente.

Cela dit, pour faciliter la mise en œuvre de la ZLECAf et de réduire les barrières au commerce intra-africain, plusieurs actions concrètes peuvent être entreprises. Premièrement, les pays africains doivent harmoniser leurs politiques douanières en adoptant des tarifs extérieurs communs au niveau régional, comme l'a fait l'Union européenne avec son union douanière. Cette harmonisation permettrait de simplifier les échanges et de créer un environnement plus prévisible pour les entreprises.

Deuxièmement, il est impératif de réformer les administrations douanières pour réduire la corruption et la bureaucratie qui ralentissent le commerce. Cela passe par une numérisation des processus douaniers, l'utilisation de technologies modernes pour suivre les marchandises en temps réel, et une formation continue des agents douaniers pour améliorer leur efficacité. Des programmes comme le système de guichet unique déjà en place dans certains pays, comme le Rwanda, ont montré qu'il est possible de réduire considérablement le temps nécessaire pour dédouaner des marchandises.

Troisièmement, il est crucial de mettre en place des mécanismes de résolution des différends commerciaux au niveau régional. Aujourd'hui, lorsqu'un pays impose des barrières non-tarifaires à un autre, il existe peu de recours pour résoudre le problème rapidement et efficacement. Des tribunaux ou des mécanismes d'arbitrage pourraient être créés pour traiter ces questions. Ce qui contribuerait à ce que les entreprises africaines commercent entre elles en toute confiance.

La clé pour libérer le potentiel du commerce intra-africain réside dans la suppression progressive des barrières tarifaires et non-tarifaires. Cela ne signifie pas que les pays doivent renoncer à protéger leurs industries locales ; au contraire, ils doivent trouver un équilibre entre la protection des secteurs naissants et la promotion d'un commerce plus libre et plus équitable. Comme l'a écrit l'économiste Paul Krugman, « Le commerce est avant tout une question de spécialisation et de complémentarité » [Krugman, 1991]. En encourageant la spécialisation et en permettant aux pays africains de tirer parti de leurs avantages comparatifs, l'on pourra assister à une véritable transformation de l'économie africaine dans le respect des principes du libéralisme économique.

En fin de compte, il est essentiel que les dirigeants africains reconnaissent que le protectionnisme excessif entrave non seulement la croissance économique, mais aussi l'objectif d'une véritable intégration continentale. En réduisant les barrières tarifaires et non-tarifaires, et en adoptant des politiques commerciales harmonisées, l'Afrique pourrait créer un marché dynamique où les entreprises locales prospèrent et où le commerce intra-africain devient un moteur de développement économique et de prospérité partagée.

Chapitre 7
Protéger ou ne pas protéger l'industrie locale

Le libéralisme mis à mal c'est d'abord et avant tout le protectionnisme économique, tel qu'il est pratiqué aujourd'hui dans plusieurs pays africains et qui pose une question complexe et cruciale : où doit-on tracer la ligne entre la protection nécessaire des industries naissantes et l'excès qui freine le développement économique du continent ? C'est un équilibre difficile à trouver, mais fondamental pour comprendre pourquoi de nombreux pays continuent d'adopter des politiques protectionnistes alors même que l'on pousse de plus en plus vers plus de libéralisme dans une intégration économique plus profonde la Zone de libre-échange continentale africaine.

Il est essentiel de commencer par reconnaître que le protectionnisme n'est pas un mal en soi. Historiquement, les nations ont souvent utilisé des barrières tarifaires et non-tarifaires pour protéger leurs industries locales. Ce type de protectionnisme, parfois qualifié de "protectionnisme infantile", est particulièrement pertinent dans les économies en développement. Le principe sous-jacent est que les industries locales doivent être protégées des grandes multinationales et des produits étrangers afin de se consolider, d'atteindre une certaine maturité, et de devenir compétitives à long terme. Un bon exemple historique est celui des États-Unis et de l'Allemagne au XIXe siècle, qui ont adopté des politiques protectionnistes pour renforcer leur base industrielle naissante avant de s'ouvrir aux marchés mondiaux.

Aujourd'hui, certains pays africains justifient leurs politiques protectionnistes pour ces mêmes raisons. Prenons l'exemple du secteur agricole, l'un des piliers des économies africaines. De nombreux pays protègent leurs agriculteurs locaux en imposant des droits de douane élevés sur les produits agricoles importés. Cette stratégie vise à éviter que les marchés nationaux ne soient inondés de produits importés, souvent moins chers, provenant de pays développés qui subventionnent massivement leurs propres industries agricoles. En Ouganda, par exemple, des taxes élevées sont imposées sur l'importation de produits laitiers, afin de protéger les producteurs locaux de la concurrence des grands producteurs comme la Nouvelle-Zélande. À première vue, cela semble nécessaire pour garantir la survie des producteurs locaux, souvent moins compétitifs sur le plan technologique.

Cependant, il y a un risque réel d'excès dans ce type de protectionnisme. Si une industrie est protégée trop longtemps ou de manière excessive, cela peut avoir des effets pervers. D'une part, l'absence de concurrence encourage la complaisance. Les entreprises locales, protégées de la concurrence étrangère, n'ont pas de réelles incitations à innover, à améliorer la qualité de leurs produits ou à devenir plus efficaces. Le résultat est souvent une stagnation des secteurs protégés, incapables de s'adapter aux exigences d'un marché de plus en plus mondialisé. D'autre part, ce protectionnisme excessif finit par pénaliser les consommateurs, qui paient des prix plus élevés pour des produits de moindre qualité. On se retrouve ainsi très loin du libéralisme classique.

En effet, ce sont souvent les consommateurs qui paient le prix du protectionnisme. Si les droits de douane sur les produits alimentaires, les biens de consommation et les matières premières sont extrêmement élevés, cela fait grimper les prix de manière significative. Prenons le cas du secteur automobile au Nigeria. Le gouvernement a mis en place des taxes d'importation très élevées sur les voitures neuves pour encourager le développement de l'industrie automobile locale. Toutefois, le résultat est que beaucoup de Nigérians ne peuvent pas se permettre d'acheter une voiture neuve, et se tournent vers le marché des voitures d'occasion, souvent importées à des prix exorbitants. Cet exemple met en lumière un autre aspect problématique du protectionnisme et son impact sur l'intégration régionale.

De plus, les politiques protectionnistes exacerbent la fragmentation des marchés africains. Chaque pays, en imposant ses propres droits de douane et en protégeant ses industries locales, complique les échanges commerciaux intra-africains, réduisant ainsi les bénéfices potentiels de la ZLECAf et d'autres accords régionaux. Les producteurs africains, au lieu de chercher des opportunités commerciales auprès de leurs voisins, se retrouvent souvent coupés de ces marchés en raison des coûts élevés et des règles restrictives imposées par les gouvernements. Le protectionnisme, bien qu'il vise à protéger les industries locales, peut paradoxalement freiner la croissance du commerce intra-africain et limiter les opportunités de diversification économique.

Cela soulève une question fondamentale qui est de savoir comment protéger les industries locales sans compromettre l'intégration régionale et la compétitivité globale ? la réponse réside dans la mise en place d'un protectionnisme stratégique et temporaire. Il ne s'agit pas de renoncer complètement à protéger les industries locales, mais plutôt de le faire de manière intelligente. Un bon exemple de cela est la Corée du Sud, qui, dans les années 1960 et 1970, a protégé certains secteurs clés de son économie tout en exigeant des entreprises qu'elles atteignent des objectifs précis en termes de qualité et d'innovation. Ce modèle de "protection conditionnelle" pourrait être une source d'inspiration pour les pays africains. Les industries protégées doivent être soumises à des conditions strictes de performance et de compétitivité, afin d'éviter que le protectionnisme ne se transforme en un frein à l'innovation et à la croissance.

Par ailleurs, la durée de la protection doit être limitée dans le temps. Il est impératif que les industries protégées sachent qu'elles ne bénéficieront pas indéfiniment des avantages des barrières tarifaires et non-tarifaires. Ce type de protection doit être vu comme un tremplin temporaire, destiné à permettre aux entreprises de se renforcer avant d'affronter la concurrence régionale et mondiale. Par exemple, au lieu d'imposer des droits de douane élevés sur une période indéfinie, les gouvernements pourraient mettre en place des calendriers clairs et progressifs de réduction des tarifs, encourageant ainsi les entreprises locales à améliorer leur productivité et à se préparer à la concurrence.

L'ouverture progressive à la concurrence intra-africaine est l'un des moyens les plus efficaces de stimuler l'intégration économique tout en préservant les industries locales. En d'autres termes, au lieu de se protéger contre les produits des pays développés, les États africains devraient s'ouvrir aux échanges avec leurs voisins, où la compétition est souvent plus équilibrée. Cela permettrait aux entreprises africaines de s'habituer à un environnement concurrentiel tout en continuant de bénéficier d'un certain niveau de protection contre la concurrence mondiale. La ZLECAf représente une opportunité majeure en ce sens, en facilitant le commerce entre les pays africains tout en offrant des mécanismes de protection pour les secteurs vulnérables.

Cependant, pour que cela fonctionne, il est essentiel de réduire les barrières non tarifaires qui subsistent entre les pays africains. Ces obstacles, tels que les règles de certification, les normes sanitaires ou les formalités douanières complexes, peuvent être tout aussi contraignants que les droits de douane eux-mêmes. Les gouvernements africains doivent s'engager à harmoniser ces règles afin de faciliter le commerce intra-africain et de créer un marché plus intégré. Cela nécessitera des investissements dans les infrastructures, la simplification des procédures administratives et une coopération accrue entre les administrations douanières.

Ce qu'il faut retenir est que les gouvernements doivent établir des chronogrammes clairs pour la réduction progressive des droits de douane et des barrières non-tarifaires, tout en se fixant des objectifs de compétitivité pour les entreprises locales.

Mieux, il faut Encourager l'innovation et l'investissement plutôt que de se reposer sur la protection accordée par l'État ; les entreprises locales doivent être incitées à investir dans la technologie, la formation de la main-d'œuvre et l'amélioration de la qualité de leurs produits. Les gouvernements pouvant soutenir ces efforts en offrant des subventions ou des allégements fiscaux pour les investissements dans l'innovation.

Il faut également favoriser la concurrence intra-africaine en ouvrant les marchés aux produits des pays voisins. Les gouvernements africains doivent encourager la création de chaînes de valeur régionale tout en préparant leurs entreprises locales à la concurrence mondiale.

Enfin, il est nécessaire d'harmoniser les règles commerciales. La réduction des barrières non tarifaires est essentielle pour promouvoir un commerce intra-africain plus fluide. Les pays doivent travailler ensemble pour harmoniser les normes et simplifier les formalités douanières.

In fine, le protectionnisme peut être à la fois un outil puissant pour le développement des industries locales et un obstacle à l'intégration économique et au développement à long terme. Comme l'a dit l'économiste Friedrich List, "Protéger pour mieux libéraliser" [List, 1841], la protection ne doit pas être une fin en soi, mais un moyen d'atteindre une compétitivité durable. En adoptant un protectionnisme stratégique, temporaire et orienté vers l'avenir, les pays africains peuvent protéger leurs industries tout en favorisant une plus grande intégration régionale et en préparant leurs entreprises locales à réussir sur la scène mondiale.

Chapitre 8
Le secteur informel : un atout mal exploité

L'économie informelle occupe une place centrale dans la réalité économique africaine. Pour beaucoup, elle est un filet de sécurité, un refuge contre le chômage et les aléas d'une économie formelle encore fragile et trop souvent inaccessible. Pourtant, le potentiel de cette économie informelle est largement sous-exploité, et elle est souvent perçue comme un obstacle à l'intégration économique formelle, plutôt qu'une opportunité à saisir. Intéressons-nous à l'ampleur et l'importance de ce secteur en Afrique, tout en proposant des pistes pour l'intégrer plus efficacement dans l'économie formelle.

L'économie informelle représente une part impressionnante de l'activité économique en Afrique. Selon l'Organisation internationale du travail (OIT), plus de 85 % des emplois en Afrique subsaharienne se trouvent dans le secteur informel, et dans certains pays, ce chiffre atteint même 90 %. Cela signifie que la majorité des Africains travaillent sans contrat formel, sans protection sociale, et sans les avantages offerts par l'économie formelle. Pour des millions de personnes, l'informel est non seulement une réalité quotidienne, mais aussi la seule option pour survivre. Cependant, cette réalité est à double tranchant. Bien qu'elle offre des opportunités d'emploi pour ceux qui n'ont pas accès aux secteurs formels, elle présente également des défis considérables en matière de stabilité, de droits du travail, et de contribution aux recettes fiscales des États.

Partout sur le continent, des millions d'hommes et de femmes sont engagés dans des activités commerciales, souvent avec très peu de capital ou de ressources, mais avec un dynamisme impressionnant. Des marchés animés aux vendeurs ambulants, en passant par les petites entreprises artisanales, l'économie informelle est un moteur de résilience. Contrairement à ce que l'on pourrait croire, l'informel n'est pas synonyme de chaos ou de désorganisation. Au contraire, il existe des structures et des réseaux bien établis qui permettent à ce secteur de fonctionner de manière étonnamment efficace. Pourtant, cette efficacité est limitée par l'absence de reconnaissance et de soutien institutionnel.

Le principal défi de l'économie informelle réside dans sa nature même. Sans réglementation officielle, les entreprises informelles ne paient pas d'impôts et n'ont pas accès aux services et avantages offerts aux entreprises formelles, comme les prêts bancaires, la protection juridique ou la formation professionnelle. Cela crée un cercle vicieux dans lequel ces entreprises peinent à se développer au-delà d'un certain point. Par exemple, une vendeuse de rue à Accra ou à Lagos, bien qu'elle soit capable de générer des revenus quotidiens décents, ne peut pas facilement étendre son activité parce qu'elle n'a pas accès au crédit bancaire. De plus, sans immatriculation légale, elle risque d'être expulsée des lieux où elle opère ou de subir des amendes arbitraires imposées par les autorités locales. Ce genre d'incertitude rend difficile toute planification à long terme, et limite ainsi l'impact positif que ces micro-entreprises pourraient avoir sur l'économie.

Un autre aspect de l'économie informelle qui mérite d'être souligné est son importance pour les femmes. Dans de nombreux pays africains, les femmes représentent une proportion écrasante des travailleurs informels. En raison de barrières culturelles et institutionnelles, beaucoup d'entre elles n'ont pas accès aux mêmes opportunités que leurs homologues masculins dans le secteur formel. Cependant, l'économie informelle leur offre une porte d'entrée vers l'indépendance économique, souvent à travers des activités commerciales comme la vente de produits alimentaires, l'artisanat, ou le commerce de détail. Cela souligne une réalité qui montre que l'économie informelle, bien qu'imparfaite, joue un rôle vital dans l'émancipation des femmes en Afrique. Mais pour que ce potentiel soit pleinement réalisé, il est impératif que des réformes soient mises en place pour faciliter leur transition vers l'économie formelle.

L'un des aspects positifs du secteur informel est sa flexibilité et sa capacité d'adaptation rapide. Alors que le secteur formel est souvent freiné par la bureaucratie, les entreprises informelles peuvent réagir rapidement aux besoins du marché. Cela leur permet de répondre à la demande locale de manière plus agile que les grandes entreprises. Par exemple, les vendeurs ambulants de produits alimentaires à Abidjan ou Nairobi peuvent facilement ajuster leurs offres en fonction des préférences des clients, sans avoir à suivre des réglementations complexes. Cette flexibilité est un atout précieux qui peut être intégré dans une économie plus large, si des politiques adéquates sont mises en place.

En outre, l'économie informelle est un incubateur pour l'innovation. Les Africains font preuve de créativité dans la manière dont ils surmontent les défis de la vie quotidienne et trouvent des solutions ingénieuses pour répondre aux besoins de leurs communautés. Prenons l'exemple du secteur de la téléphonie mobile en Afrique, où des millions de personnes utilisent des services comme M-Pesa ou Wave pour effectuer des transactions financières sans avoir besoin d'un compte bancaire formel. Ce type d'innovation, né du secteur informel, a le potentiel de bouleverser les modèles économiques traditionnels et de propulser l'Afrique à l'avant-garde de l'économie numérique mondiale.

Cependant, malgré ces opportunités, l'informel reste un obstacle au développement du libéralisme. Les entreprises informelles fonctionnent souvent dans des silos, isolées des structures économiques plus larges. Elles ne contribuent pas aux recettes fiscales des États, ce qui limite les ressources des gouvernements pour investir dans des infrastructures et des services publics essentiels. De plus, en l'absence de réglementation, il est difficile pour les entreprises informelles de collaborer avec des entreprises formelles, ce qui entrave la création de chaînes de valeur régionale. Cela signifie que, pour que l'Afrique puisse réaliser sa voie du libéralisme son économique, il est impératif de trouver des moyens d'intégrer ce vaste secteur dans l'économie formelle.

Alors, comment exploiter pleinement le potentiel de l'économie informelle en vue de l'intégrer progressivement à l'économie formelle ? La première étape consiste à simplifier les procédures de formalisation. Pour de nombreux travailleurs informels, la formalisation de leur activité est perçue comme un processus complexe, coûteux, et lourd en termes de paperasse. Les gouvernements doivent rendre ce processus plus accessible en réduisant les frais d'enregistrement, en simplifiant les exigences administratives, et en fournissant des incitations pour que les entreprises informelles fassent le saut vers la formalité. Des exemples réussis existent déjà : en Tanzanie, le gouvernement a introduit un système de micro-entreprise simplifiée qui permet aux petites entreprises de s'enregistrer facilement et de bénéficier d'avantages fiscaux et légaux sans être écrasées par la bureaucratie.

Deuxièmement, il est crucial de créer des liens entre le secteur formel et informel. Cela peut se faire en encourageant les grandes entreprises à sous-traiter des services ou des produits auprès des petites entreprises informelles. Par exemple, dans le secteur de l'agroalimentaire, les grandes entreprises pourraient collaborer avec des agriculteurs informels pour leur fournir des semences et de la formation, en échange d'un approvisionnement régulier de produits agricoles. Ce type de partenariat permettrait aux travailleurs informels d'augmenter leurs revenus tout en améliorant leur productivité et en les incitant à formaliser leurs activités.

Troisièmement, il est nécessaire d'améliorer l'accès au financement pour les travailleurs informels. Le principal obstacle à la croissance des petites entreprises informelles est souvent le manque de capital. Les banques traditionnelles sont réticentes à prêter à ces entrepreneurs en raison de leur manque de garanties. Cependant, des solutions existent : des institutions de microfinance et des technologies financières innovantes, telles que les services financiers mobiles, offrent des moyens efficaces pour élargir l'accès au crédit. Si les gouvernements africains soutiennent davantage ces initiatives, il sera possible de débloquer des ressources financières pour des millions d'entrepreneurs informels.

Enfin, il est indispensable de repenser le rôle de la fiscalité dans le secteur informel. Plutôt que de chercher à imposer des taxes lourdes aux entreprises informelles, les gouvernements devraient envisager des systèmes fiscaux progressifs qui encouragent la transition vers la formalité sans accabler ces petites entreprises. Par exemple, un système de taxation symbolique, où les petites entreprises paient une petite contribution fiscale en échange de certains services publics (comme la sécurité sociale ou l'accès aux infrastructures), pourrait être mis en place. Cela aurait un double avantage : augmenter les recettes fiscales des États tout en renforçant la légitimité et la pérennité des entreprises informelles.

En définitive, l'économie informelle est à la fois un atout mal exploité et un défi pour le développement de l'Afrique. Elle constitue une source de résilience, d'innovation et d'emplois pour des millions de personnes, mais elle reste entravée par l'absence de soutien institutionnel et de reconnaissance formelle. En adoptant des politiques qui simplifient la formalisation, favorisent l'accès au financement, et encouragent la collaboration entre les secteurs formel et informel, les gouvernements africains peuvent transformer ce secteur en un moteur de croissance et d'intégration économique. Comme l'a dit l'économiste Hernando de Soto, "La clé du développement économique réside dans la formalisation des actifs informels" [De Soto, 2000]. Si nous parvenons à formaliser cet immense potentiel, l'Afrique pourrait réaliser des gains économiques considérables et accélérer son intégration continentale.

Chapitre 9
La bureaucratie contre l'économie

La corruption et la bureaucratie sont deux des plus grands obstacles qui entravent les échanges commerciaux et la mobilité des personnes à travers l'Afrique. Ces phénomènes, profondément enracinés dans les systèmes administratifs de nombreux pays africains, limitent non seulement la croissance économique, mais aussi la capacité des États à offrir des services efficaces à leurs citoyens. Pour ceux qui cherchent à commercer ou à se déplacer librement sur le continent, ces obstacles administratifs deviennent rapidement des chaînes invisibles qui ralentissent le développement. Examinons ensemble comment ces problèmes s'immiscent dans le quotidien des Africains et pourquoi des réformes courageuses et réalistes peuvent améliorer l'efficacité des systèmes administratifs au service du développement économique et social.

Il est impossible de parler de commerce intra-africain sans reconnaître le rôle paralysant que jouent la corruption et la bureaucratie. Prenons, par exemple, le secteur du commerce transfrontalier. En théorie, les accords régionaux tels que la ZLECAf devraient faciliter les échanges en réduisant les barrières tarifaires et en harmonisant les règles douanières. Mais en réalité, de nombreux entrepreneurs se heurtent à une montagne de formalités administratives lorsqu'ils tentent de faire passer leurs produits d'un pays à l'autre. Les frontières africaines, au lieu d'être des zones de libre circulation, sont souvent des goulots d'étranglement où les camions sont immobilisés pendant des jours, voire des semaines, en raison de procédures douanières complexes, de contrôles multiples et, bien souvent, de demandes de pots-de-vin.

La corruption s'immisce dans chaque étape de la chaîne logistique. Un conducteur de camion qui transporte des marchandises de la Côte d'Ivoire vers le Ghana peut se retrouver à payer plusieurs « taxes informelles » avant même d'atteindre son point de destination. Les agents douaniers souvent mal formés, profitent de cette situation pour extorquer de l'argent aux commerçants et aux transporteurs. Le coût total de la corruption dans le secteur du commerce transfrontalier est difficile à mesurer précisément, mais il est indéniable que cela représente une part importante des pertes économiques du continent. Pour les petites entreprises, ces frais illégaux rendent le commerce international presque impossible, limitant ainsi les opportunités de croissance.

La corruption, bien au-delà du commerce transfrontalier, nuit gravement à la compétitivité des économies africaines. Dans un environnement où les décisions administratives sont prises non pas en fonction du mérite ou de l'efficacité, mais en fonction de qui paie le mieux, il devient difficile pour les entreprises de rivaliser sur un pied d'égalité. Les entreprises qui refusent de se plier aux demandes de pots-de-vin peuvent voir leurs demandes de permis, de licences ou d'autres documents administratifs retardées indéfiniment, tandis que celles qui cèdent aux pressions corrompues obtiennent un traitement préférentiel.

Cette pratique fausse le marché en récompensant non pas les entreprises les plus productives, mais celles qui sont les mieux connectées politiquement ou celles qui sont prêtes à contourner les règles. À long terme, cela décourage l'investissement, tant local qu'international, car les entreprises préfèrent éviter les marchés où elles ne peuvent pas opérer dans un cadre légal clair et équitable. Des études montrent que les pays perçus comme étant les plus corrompus attirent moins d'investissements étrangers directs, car les investisseurs hésitent à prendre des risques dans des environnements instables et non transparents.

Quant à la bureaucratie, on se demande si l'on n'est pas en face d'un mal nécessaire ? En Afrique, la bureaucratie est souvent vue comme une forme de contrôle nécessaire pour s'assurer que les processus administratifs respectent les règles et normes établies. Cependant, dans la pratique, la bureaucratie devient souvent un obstacle à la croissance, surtout lorsqu'elle est excessive et mal gérée. Prenons l'exemple de l'obtention d'une licence pour ouvrir une entreprise dans certains pays africains. Les entrepreneurs doivent naviguer dans un labyrinthe d'agences gouvernementales, remplissant des formulaires complexes, soumis à des réglementations qui varient d'une région à l'autre et souvent sans aucune coordination entre les services administratifs. Ce processus peut prendre des mois, voire des années, décourageant ainsi les investissements privés et étouffant l'innovation locale.

Cette bureaucratie excessive ne touche pas seulement les entreprises, mais affecte aussi la mobilité des personnes. Le simple fait de voyager d'un pays africain à un autre peut devenir un casse-tête bureaucratique. Les citoyens doivent souvent obtenir des visas coûteux et subir des procédures longues, dans un contexte où les règles d'immigration sont rarement harmonisées entre les États. Une anecdote courante en Afrique est celle d'un professionnel d'un pays ouest-africain qui, malgré son appartenance à la CEDEAO, a dû passer des heures à la frontière d'un pays voisin en raison de formalités douanières complexes et d'une bureaucratie tatillonne.

Si la corruption et la bureaucratie sont des obstacles majeurs, il est possible d'apporter des réformes concrètes pour améliorer ces systèmes. Les experts chargés d'y réfléchir ont fait des recommandations que les gouvernements africains pourraient explorer pour rendre leurs administrations plus transparentes et efficaces :

Il s'agit d'abord dans un environnement technologique de la numérisation des services administratifs. Celle-ci est l'un des moyens les plus efficaces de réduire la corruption et la bureaucratie. En automatisant les processus administratifs, tels que l'enregistrement des entreprises, l'obtention de licences ou les demandes de visa, on limite les interactions humaines directes, réduisant ainsi les opportunités de corruption. De plus, les processus numérisés sont souvent plus rapides et plus transparents, offrant aux citoyens un suivi clair de leurs démarches. Des initiatives comme celle du Rwanda, avec son système en ligne pour l'enregistrement des entreprises, montrent qu'il est possible de réduire considérablement le temps nécessaire à la création d'une entreprise, passant de plusieurs semaines à quelques jours.

Pour combattre la corruption, il est essentiel de mettre en place des mécanismes de surveillance rigoureux. Les gouvernements doivent créer des agences indépendantes chargées de surveiller les fonctionnaires publics et de garantir que ceux-ci respectent les normes éthiques. Ces agences doivent être dotées de moyens réels pour enquêter et sanctionner les comportements corrompus. De plus, la transparence doit être une priorité. Par exemple, la publication des contrats publics et des résultats des appels d'offres pourrait contribuer à renforcer la confiance dans les institutions publiques.

Il est urgent de repenser la manière dont les administrations africaines fonctionnent. Plutôt que d'ajouter des couches de complexité aux procédures administratives, les gouvernements devraient chercher à simplifier ces processus. Un exemple pourrait être l'instauration d'un guichet unique pour l'ensemble des démarches administratives liées à l'ouverture d'une entreprise ou au commerce transfrontalier. Ce système centralisé permettrait aux entrepreneurs et aux citoyens de ne traiter qu'avec une seule entité, au lieu de courir entre plusieurs agences pour obtenir les autorisations nécessaires. La simplification de ces processus permettrait non seulement de réduire les délais, mais aussi de limiter les opportunités de corruption en diminuant le nombre d'interactions avec les fonctionnaires.

Une autre stratégie pour lutter contre la corruption et améliorer l'efficacité administrative est d'investir dans la formation des fonctionnaires et d'assurer qu'ils soient correctement rémunérés. Dans de nombreux pays africains, les agents publics sont mal payés, ce qui les pousse parfois à chercher des moyens illégaux pour augmenter leurs revenus. En augmentant les salaires des fonctionnaires et en leur offrant des opportunités de formation continue, les gouvernements peuvent non seulement améliorer la qualité des services publics, mais aussi réduire les tentations de corruption.

Enfin, la lutte contre la corruption et la bureaucratie ne doit pas se limiter aux actions gouvernementales. Les citoyens et les entreprises doivent être activement impliqués dans ce processus. Des plateformes en ligne où les citoyens peuvent signaler les cas de corruption ou partager leurs expériences avec les administrations publiques pourraient être mises en place. Cette forme de participation citoyenne contribuerait à accroître la pression sur les institutions pour qu'elles agissent avec transparence et responsabilité.

La corruption et la bureaucratie, bien que profondément ancrées dans de nombreux systèmes administratifs africains, ne sont pas des fatalités. Avec des réformes adaptées, une numérisation des services publics, et une plus grande transparence, il est possible de créer des systèmes administratifs efficaces et justes. Comme l'a dit Kofi Annan, "Si la corruption est un cancer, la transparence en est le remède" [Annan, 2003].

En rendant les administrations publiques plus transparentes et en responsabilisant les fonctionnaires, l'Afrique peut surmonter ces obstacles administratifs et libérer son potentiel économique.

Chapitre 10
La monnaie et la finance : vers une unité monétaire africaine ?

L'absence d'une monnaie unique en Afrique est l'une des plus grandes barrières à l'intégration économique et à la facilitation des échanges entre les États du continent. Chaque fois qu'un commerçant envoie des produits d'un pays à l'autre, des coûts et des risques supplémentaires sont encourus, simplement parce que les transactions se font dans des devises différentes. Cette fragmentation monétaire, couplée à des systèmes financiers encore sous-développés dans plusieurs pays, ralentit considérablement la croissance du commerce intra-africain. Explorons ensemble l'idée d'une union monétaire africaine, en analysant les avantages potentiels et les défis que cette volonté pourrait rencontrer.

Pour comprendre l'importance de la question monétaire, il faut d'abord reconnaître le nombre de devises qui circulent actuellement en Afrique. Aujourd'hui, plus de 40 monnaies différentes coexistent sur le continent, créant une situation où les coûts de transaction sont élevés et où les fluctuations de change ajoutent un risque supplémentaire pour les entreprises. Par exemple, un exportateur au Kenya qui souhaite vendre ses produits en Angola doit non seulement faire face aux barrières douanières et non-tarifaires, mais aussi naviguer dans les complexités des taux de change. Ces fluctuations peuvent avoir un impact direct sur la rentabilité des transactions commerciales, car une dévaluation soudaine de la monnaie locale peut entraîner des pertes pour l'exportateur.

De plus, la plupart des devises africaines sont faiblement convertibles sur le marché international. Cela signifie que les transactions entre pays africains doivent souvent passer par une monnaie intermédiaire, comme le dollar américain ou l’euro, ce qui ajoute des coûts supplémentaires et rallonge les délais de paiement. Cette dépendance vis-à-vis des monnaies étrangères constitue une vulnérabilité, car les économies africaines deviennent sensibles aux fluctuations des taux de change internationaux, même lorsqu’elles commercent entre elles. Cela a des conséquences directes sur la compétitivité des entreprises africaines, qui doivent absorber ces coûts ou les répercuter sur les consommateurs.

L'idée d'une monnaie unique pour l'Afrique est souvent perçue comme un remède potentiel à ces problèmes. Un système monétaire unifié permettrait de simplifier les transactions, d’éliminer les fluctuations de change intra-africaines et de réduire les coûts de transaction pour les entreprises et les consommateurs. Les avantages sont nombreux. Premièrement, une monnaie unique renforcerait la stabilité macroéconomique en permettant aux pays de partager les risques économiques et financiers. De la même manière que l'euro a facilité les échanges et la croissance économique en Europe, une monnaie unique africaine pourrait encourager la fluidité des échanges commerciaux et stimuler la coopération régionale.

Deuxièmement, une union monétaire favoriserait l'intégration des marchés financiers africains. Aujourd'hui, la plupart des marchés financiers en Afrique sont relativement petits et isolés les uns des autres. Une monnaie unique permettrait d'intégrer ces marchés, créant ainsi un système financier plus robuste, avec des capitaux plus facilement mobilisables pour des projets de grande envergure. Cela pourrait encourager les investissements transfrontaliers, renforcer la confiance des investisseurs étrangers et locaux, et accélérer la croissance économique sur l'ensemble du continent.

Troisièmement, la création d’une banque centrale africaine unifiée, qui superviserait cette monnaie unique, permettrait de mieux coordonner les politiques monétaires et fiscales sur le continent. Cela contribuerait à une meilleure gestion de l'inflation, de la dette publique et des déficits budgétaires, des problèmes qui sont actuellement exacerbés par l'absence de coordination entre les États africains. Une telle institution pourrait également jouer un rôle clé dans la stabilisation des économies africaines en cas de crises économiques mondiales, en intervenant de manière plus rapide et plus efficace qu'un ensemble de banques centrales fragmentées.

Cependant, il est important de souligner que la mise en place d'une monnaie unique n'est pas sans défis, et ce projet est extrêmement ambitieux dans le contexte africain actuel.

Le principal obstacle à l'adoption d'une monnaie unique en Afrique est l'hétérogénéité des économies africaines. Contrairement à l'Union européenne, qui a mis en place l'euro après des décennies de coopération économique étroite et de convergence économique, les pays africains sont à des stades de développement très différents. Certains, comme le Nigeria ou l'Afrique du Sud, ont des économies relativement grandes et diversifiées, tandis que d'autres, comme le Lesotho ou la Guinée-Bissau, sont des économies plus petites et très dépendantes de l'agriculture ou des matières premières.

Cette disparité pose un défi majeur à la création d'une union monétaire. Les économies plus faibles risquent de ne pas pouvoir supporter les contraintes imposées par une politique monétaire unique. Par exemple, si un pays est en récession tandis qu'un autre connaît une croissance rapide, il pourrait être difficile de définir une politique monétaire commune qui convienne à ces deux réalités économiques opposées. Une monnaie unique limite la capacité des gouvernements à utiliser des outils comme la dévaluation de la monnaie pour ajuster leur compétitivité économique en période de crise. Ce manque de flexibilité pourrait avoir des conséquences négatives, notamment pour les pays les moins industrialisés.

Un autre défi majeur réside dans l'expérience récente de la zone euro. Bien que l'euro ait permis une plus grande intégration économique en Europe, il a également montré certaines faiblesses. La crise de la dette souveraine qui a frappé la Grèce et d'autres pays du sud de l'Europe a révélé les difficultés inhérentes à la gestion d'une monnaie unique dans une union économique incomplète. L'absence de mécanismes suffisants de transferts budgétaires entre les pays riches et les pays plus pauvres de la zone euro a exacerbé les inégalités économiques au sein de l'Union européenne. Cela a entraîné des tensions politiques et économiques importantes, des leçons dont l'Afrique pourrait tirer profit.

Pour éviter de reproduire ces erreurs, une union monétaire africaine devrait s'accompagner d'une convergence économique plus étroite entre les États membres avec la mise en place de deux institutions monétaires et financières, la Banque Centrale Africaine et le Fonds Monétaire Africain, dont les projets ont été discutés au sommet d'Alger de l'Union Africaine du 1er Août 2012. Cela signifie que les pays africains devraient harmoniser leurs politiques budgétaires, fiscales et sociales, tout en s'engageant à réduire les disparités économiques. La création de ces deux instruments monétaire et financiers pourrait aider à soutenir les pays en difficulté économique, en leur fournissant des ressources en cas de choc financier ou économique.

Mais plutôt que de viser une union monétaire complète et immédiate, il serait plus réaliste d'adopter une approche progressive. Les communautés économiques régionales (CER) comme la CEDEAO, la SADC ou la COMESA pourraient servir de laboratoires pour tester une intégration monétaire régionale avant de l'étendre à l'échelle du continent. Par exemple, la CEDEAO a déjà des plans pour introduire une monnaie commune, appelée ECO, pour ses membres non francophones, afin de simplifier les transactions commerciales et d'améliorer l'intégration économique. Ce type d'initiative régionale pourrait préparer le terrain pour une union monétaire continentale en permettant aux pays de surmonter progressivement les défis de la coordination économique.

De plus, avant d'adopter une monnaie unique, il serait judicieux d'introduire des mécanismes de coopération monétaire renforcés. Par exemple, les pays africains pourraient établir des taux de change fixes ou semi-fixes entre leurs devises, facilitant ainsi les échanges tout en maintenant une certaine flexibilité monétaire. Un tel système permettrait aux pays de bénéficier des avantages de la stabilité monétaire sans sacrifier leur capacité à réagir aux crises économiques.

Enfin pour ne pas mettre la charrue avant les bœufs, il est crucial de renforcer les institutions financières africaines existantes, avant d'envisager une union monétaire. Des organisations comme la Banque africaine de développement (BAD) et l'Union africaine doivent jouer un rôle central dans la coordination des politiques économiques et monétaires. La création d'une banque centrale africaine nécessite des réformes institutionnelles majeures pour s'assurer que cette institution soit indépendante, transparente et capable de gérer les politiques monétaires à l'échelle du continent.

Cela dit, la question de l'union monétaire africaine est un objectif légitime pour le continent. Les avantages d'une monnaie unique sont clairs : réduction des coûts de transaction, stabilité macroéconomique, intégration des marchés financiers et stimulation des échanges commerciaux. Cependant, les défis sont tout aussi réels et nécessitent des réformes profondes et une convergence économique. C'est à ce prix que le libéralisme économique cher à Friedrich Hayek et Milton Friedman peut être renforcé sur le chemin du libre – échange en Afrique.

Comme l'a souligné l'économiste Paul Collier, "l'intégration économique régionale ne réussit que si elle est fondée sur des bases institutionnelles solides et des politiques économiques coordonnées" [Collier, 2009]. C'est cette vision qui doit guider les dirigeants africains dans leur quête d'une union monétaire, en veillant à ce que les bénéfices de cette initiative soient partagés équitablement et que les économies les plus vulnérables ne soient pas laissées pour compte.

Chapitre 11
Les défis logistiques

Lorsque l'on parle de commerce intra-africain, l'une des premières réalités qui vient à l'esprit des entrepreneurs est la complexité logistique à laquelle ils sont confrontés. Des douanes inefficaces, des infrastructures portuaires sous-développées, des routes en mauvais état et des délais de dédouanement interminables sont autant d'obstacles qui freinent le développement des échanges sur le continent. Ces défis logistiques, bien que souvent invisibles aux yeux des consommateurs, jouent un rôle déterminant dans la compétitivité des entreprises africaines et dans leur capacité à conquérir de nouveaux marchés. Pour l'efficacité du libéralisme, penchons-nous sur ces obstacles avant de proposer des solutions concrètes dans le but d'améliorer la fluidité des échanges commerciaux entre les États africains.

L'une des premières étapes de tout processus de commerce international est le dédouanement des marchandises. En théorie, cette étape devrait être rapide et transparente, permettant aux produits de passer rapidement d'un pays à un autre. Mais en pratique, les formalités douanières en Afrique sont souvent lentes, complexes et inefficaces. Dans de nombreux pays africains, les entreprises doivent faire face à une bureaucratie tentaculaire, où les formulaires sont nombreux, les contrôles multiples, et les processus mal coordonnés entre les différentes administrations. Cela entraîne des retards importants, qui peuvent s'étendre sur plusieurs jours, voire des semaines, avant qu'une cargaison ne puisse franchir une frontière.

Prenons par exemple l'expérience d'une entreprise kényane qui exporte des produits agricoles vers le Rwanda. Pour que ses produits franchissent la frontière, elle doit passer par une série de contrôles douaniers qui, souvent, ne sont pas harmonisés entre les deux pays. Les documents à fournir varient d'un côté à l'autre de la frontière, et les contrôles phytosanitaires, nécessaires pour garantir la sécurité des produits alimentaires, sont parfois doublés inutilement. Ce manque de coordination non seulement retarde la livraison des marchandises, mais augmente également les coûts pour l'entreprise, qui doit parfois payer des frais supplémentaires pour stocker ses produits en attendant que les formalités soient finalisées.

Les douanes africaines, malgré les réformes engagées dans plusieurs pays, restent marquées par un manque de modernisation et par la persistance de la corruption. Il n'est pas rare que les agents douaniers exigent des pots-de-vin pour accélérer le traitement des dossiers. Cela crée une incertitude pour les entreprises, qui ne savent jamais combien de temps il faudra pour dédouaner leurs produits ni combien cela va réellement leur coûter. Les petites et moyennes entreprises, en particulier, souffrent de cette situation, car elles n'ont souvent pas les ressources nécessaires pour gérer ces imprévus.

Au-delà des douanes, les infrastructures portuaires jouent un rôle clé dans la logistique du commerce international. En Afrique, les ports sont souvent les points d'entrée et de sortie des marchandises, en particulier pour les pays enclavés qui dépendent des infrastructures portuaires de leurs voisins. Mais malheureusement, beaucoup de ports africains sont sous-dimensionnés et mal équipés pour faire face à la demande croissante. Les quais sont souvent trop petits pour accueillir les grands navires modernes, les équipements de manutention sont vieillissants, et les systèmes de gestion des cargaisons sont encore largement manuels dans de nombreux pays.

Cela conduit à des situations de congestion portuaire, où les navires doivent parfois attendre plusieurs jours avant de pouvoir décharger leurs marchandises. Cette congestion est particulièrement marquée dans des ports tels que celui de

Lagos au Nigeria, où les délais d'attente pour décharger peuvent atteindre plusieurs semaines lors des périodes de forte activité. Ces retards ne font qu'augmenter les coûts pour les entreprises, qui doivent non seulement payer des frais de port plus élevés, mais aussi faire face à des pertes de marchandises, notamment dans le secteur des produits périssables.

L'infrastructure portuaire joue donc un rôle crucial dans la compétitivité des entreprises africaines sur le marché mondial. Si les ports africains ne sont pas modernisés et agrandis pour répondre aux besoins du commerce international, les entreprises du continent resteront désavantagées face à leurs concurrents internationaux. De plus, cette situation freine également le développement du commerce intra-africain, car les produits ne peuvent pas circuler rapidement et efficacement entre les pays.

Un autre défi logistique non résolu concerne le transport terrestre. Outre les ports et les douanes, le réseau de transport terrestre est un autre obstacle majeur au commerce en Afrique. Les routes sont souvent en mauvais état, et de nombreuses zones rurales restent pratiquement inaccessibles pendant la saison des pluies. Cela complique la circulation des biens entre les centres de production et les points d'exportation ou de distribution. Dans certaines régions, les infrastructures routières sont si dégradées que les camions de transport doivent parcourir des itinéraires beaucoup plus longs pour éviter les routes impraticables, ce qui augmente les délais et les coûts de transport.

Un exemple frappant est celui de la route reliant le Tchad au Cameroun, qui est l'une des principales voies de transport des marchandises pour les pays enclavés du Sahel. En saison des pluies, cette route devient presque inutilisable, avec des sections entières inondées ou détruites par les intempéries. Les camions de transport, chargés de produits agricoles ou de biens manufacturés, se retrouvent bloqués pendant des jours, voire des semaines, avant de pouvoir reprendre leur route. Ce type de situation a des répercussions directes sur les entreprises, qui voient leurs coûts augmenter de manière imprévisible et qui doivent parfois détruire des marchandises endommagées par les retards.

Pour surmonter ces défis, il est essentiel que les pays africains investissent massivement dans la modernisation et l'entretien de leurs infrastructures routières. La construction de corridors commerciaux régionaux, reliant les principales villes et centres économiques, serait une première étape vers une meilleure intégration des réseaux de transport sur le continent. Ces corridors, dotés d'infrastructures modernes et bien entretenues, permettraient de réduire les délais de transport et d'améliorer l'efficacité des chaînes d'approvisionnement. Des initiatives comme le corridor de Maputo, reliant l'Afrique du Sud au Mozambique, montrent que ces projets peuvent avoir un impact positif sur le commerce régional, en facilitant la circulation des biens et en réduisant les coûts logistiques.

Si les défis logistiques en Afrique sont nombreux, il existe des solutions pratiques pour améliorer la situation et faciliter le commerce entre les États africains. En effet, L'une des principales sources de retards dans le commerce intra-africain est la lenteur des procédures douanières. Pour y remédier, il est essentiel que les administrations douanières adoptent des systèmes de dédouanement électroniques, permettant de traiter les documents en ligne et de réduire les interactions humaines. Cela non seulement accélérerait le processus de dédouanement, mais réduirait également les risques de corruption, en limitant les opportunités pour les agents douaniers de demander des pots-de-vin. Le Rwanda, par exemple, a réussi à réduire les délais de dédouanement grâce à un système de guichet unique électronique, qui centralise toutes les démarches administratives en un seul point de contact. Il est tout aussi crucial que les pays africains modernisent leurs infrastructures portuaires pour répondre aux besoins croissants du commerce international. Cela nécessite des investissements massifs dans l'agrandissement des quais, l'achat de nouveaux équipements de manutention, et la mise en place de systèmes de gestion numérique des cargaisons. De plus, les infrastructures routières doivent être rénovées et étendues, en particulier dans les régions enclavées. Les gouvernements peuvent également envisager des partenariats public-privé (PPP) pour financer ces projets, en s'assurant que les entreprises privées participent à la construction et à l'entretien des infrastructures en échange de contrats à long terme.

Il est important que les communautés économiques régionales, telles que la CEDEAO ou la SADC, jouent un rôle central dans l'harmonisation des règles douanières entre les pays membres. En harmonisant les documents nécessaires, les règles sanitaires et phytosanitaires, ainsi que les normes d'inspection, il est possible de réduire les redondances et de faciliter le commerce intra-africain. Une harmonisation accrue peut permettre aux entreprises de mieux planifier leurs échanges et de réduire les coûts liés aux retards et aux incertitudes.

Enfin, pour améliorer l'efficacité des échanges commerciaux, il est crucial de former les agents douaniers et logistiques aux meilleures pratiques internationales. Les gouvernements doivent investir dans des programmes de formation continue pour leur personnel, en veillant à ce que les agents soient formés aux dernières technologies et aux normes internationales de gestion des marchandises. De plus, des incitations financières, telles que des primes de performance, pourraient être mises en place pour encourager les agents à traiter les dossiers de manière plus rapide et plus efficace.

Au final, les défis logistiques auxquels sont confrontées les entreprises africaines lorsqu'elles tentent de commercer entre les États sont bien réels. Cependant, ces obstacles ne sont pas insurmontables. En investissant dans des infrastructures modernes, en harmonisant les procédures douanières et en numérisant les processus administratifs, il est possible de transformer la logistique en un atout plutôt qu'un frein au développement économique du continent. Le commerce intra-africain a un potentiel immense, mais pour que ce potentiel soit pleinement réalisé, les gouvernements et les entreprises doivent travailler ensemble pour surmonter les obstacles logistiques qui freinent actuellement les échanges commerciaux. Comme l'a dit l'économiste Jeffrey Sachs, "Les infrastructures sont le pont entre l'isolement et l'intégration" [Sachs, 2005]. En améliorant les infrastructures logistiques, l'Afrique peut se rapprocher d'une véritable intégration économique.

Chapitre 12
La concurrence internationale, un catalyseur de l'économie nationale ?

La concurrence internationale est un sujet qui suscite des débats intenses en Afrique. Certains la perçoivent comme une menace pour les industries locales, encore fragiles et peu compétitives face aux grandes entreprises multinationales. D'autres, cependant, voient dans cette concurrence un catalyseur de croissance, une opportunité pour les entreprises africaines de se développer, d'innover et de se positionner sur les marchés mondiaux. Ne dit-on pas que la concurrence qu'elle soit national ou internationale est la clé de voûte du libéralisme économique ?

Cependant dans la réalité la concurrence internationale peut affecter le commerce intra-africain. Ce que nous allons démontrer avant de proposer des stratégies pour y remédier.

Lorsque l'on parle de commerce international en Afrique, il est impossible d'ignorer l'impact des grandes puissances économiques comme la Chine, l'Union européenne ou les États-Unis. Ces acteurs dominent le commerce mondial, y compris sur le continent africain, où leurs produits inondent les marchés locaux. En effet, dans de nombreux pays africains, il est plus facile de trouver des biens importés, fabriqués en Chine ou en Europe, que des produits locaux. Cette situation s'explique en grande partie par la capacité des entreprises étrangères à produire à des coûts plus faibles grâce à des économies d'échelle, des technologies avancées, et des systèmes de production optimisés.

Pour une petite entreprise de textile en Afrique de l'Ouest, par exemple, il est extrêmement difficile de rivaliser avec les produits importés de Chine, qui sont souvent moins chers et fabriqués à grande échelle. De la même manière, les agriculteurs locaux se retrouvent en concurrence avec des produits agricoles subventionnés en provenance d'Europe ou d'Amérique du Nord. Cette situation soulève une question cruciale : la concurrence internationale est-elle une menace pour les industries africaines ou peut-elle, au contraire, devenir un moteur de développement économique ?

L'un des principaux défis que pose la concurrence internationale est la pression qu'elle exerce sur les industries locales. Dans de nombreux cas, les entreprises africaines n'ont pas les ressources nécessaires pour rivaliser avec les entreprises étrangères sur le plan technologique, financier ou logistique. Cela conduit à une situation où les entreprises locales sont incapables de se développer, voire même de survivre, face à la concurrence étrangère. En prenant par exemple le secteur de l'habillement, les textiles chinois, produits à des coûts extrêmement bas, ont rapidement envahi les marchés africains, rendant difficile la survie des industries textiles locales. De nombreux ateliers de couture traditionnels ont dû fermer leurs portes, incapables de suivre la cadence des importations bon marché.

Ce type de concurrence déloyale est souvent aggravé par les accords commerciaux inégaux que certains pays africains ont signés avec des puissances économiques étrangères. En effet, plusieurs accords bilatéraux permettent aux produits étrangers d'entrer sur les marchés africains à des tarifs préférentiels, tandis que les produits africains sont soumis à des droits de douane plus élevés lorsqu'ils sont exportés vers l'Occident. Cette asymétrie dans les relations commerciales crée un déséquilibre qui pénalise les entreprises locales et limite leurs opportunités de croissance.

De plus, la faiblesse des infrastructures locales et le manque de soutien financier pour les petites entreprises amplifient ce problème. Contrairement aux grandes entreprises multinationales, qui ont accès à des financements à des taux avantageux, les petites et moyennes entreprises (PME) africaines sont souvent confrontées à des taux d'intérêt prohibitifs et à des barrières institutionnelles qui freinent leur expansion. Par conséquent, elles n'ont pas la capacité de réaliser les investissements nécessaires pour moderniser leurs équipements, améliorer leur productivité ou accéder à de nouveaux marchés.

Pourtant, il serait réducteur de ne voir dans la concurrence internationale qu'une menace pour les industries africaines. En réalité, cette concurrence peut également servir de catalyseur pour stimuler l'innovation, encourager l'amélioration de la productivité et forcer les entreprises locales à adopter de meilleures pratiques commerciales. L'histoire montre que des économies qui ont été exposées à la concurrence internationale ont souvent fini par en sortir plus fortes et plus compétitives.

L'un des faits les plus parlants est celui de la Corée du Sud dans les années 1960 et 1970. À cette époque, l'économie sud-coréenne était relativement sous-développée et confrontée à une forte concurrence internationale, notamment dans le secteur de l'électronique et de l'automobile. Plutôt que de se fermer à la concurrence étrangère, la Corée du Sud a choisi de s'ouvrir aux marchés mondiaux tout en protégeant stratégiquement certaines industries locales. Cette politique a permis aux entreprises sud-coréennes, comme Samsung et Hyundai, de croître et de devenir des leaders mondiaux dans leurs secteurs respectifs. Ce modèle de développement, qui combine une ouverture contrôlée à la concurrence internationale et un soutien fort aux industries locales, peut servir d'inspiration pour les pays africains.

L'exposition à la concurrence internationale pousse également les entreprises africaines à innover et à adopter des technologies plus avancées. Par exemple, dans le secteur agricole, la concurrence avec des produits importés bon marché a encouragé certaines entreprises locales à adopter des techniques d'agriculture plus modernes, comme l'irrigation goutte à goutte ou l'utilisation de semences améliorées. Ces innovations ont non seulement permis d'augmenter les rendements, mais ont également renforcé la compétitivité des produits africains sur le marché mondial.

Face à la concurrence internationale, il est crucial que les gouvernements africains mettent en place des politiques stratégiques pour protéger les industries locales tout en encourageant la compétitivité régionale. L'une des premières étapes consiste à identifier les secteurs qui ont un avantage comparatif naturel, et à concentrer les efforts de soutien sur ces industries. De nombreux pays africains disposent de ressources agricoles abondantes. Plutôt que de laisser ces secteurs souffrir face à des produits importés, les gouvernements devraient investir dans la modernisation de l'agriculture locale, notamment à travers des subventions ciblées, des infrastructures de transport, et des programmes de formation pour les agriculteurs.

De plus, les pays africains doivent être vigilants dans leurs négociations d'accords commerciaux internationaux. Ces accords doivent être équilibrés et tenir compte des besoins spécifiques des industries locales. Au lieu de signer des accords qui permettent l'entrée massive de produits étrangers à bas prix, les gouvernements devraient négocier des clauses de protection temporaire pour les secteurs sensibles, afin de leur donner le temps de se renforcer avant d'être exposés à la pleine concurrence internationale. Cette approche de protection conditionnelle a été utilisée avec succès par de nombreux pays en développement pour protéger leurs industries stratégiques tout en s'ouvrant progressivement aux marchés mondiaux.

Enfin, il est essentiel de renforcer la compétitivité régionale à travers la création de chaînes de valeur intra-africaines. Plutôt que de se tourner uniquement vers les marchés internationaux, les entreprises africaines doivent d'abord chercher à se renforcer à l'échelle régionale. La Zone de libre-échange continentale africaine (ZLECAf) représente une opportunité unique pour atteindre cet objectif. En facilitant les échanges entre les pays africains, la ZLECAf pourrait permettre aux entreprises locales de croître sur des marchés voisins, où la concurrence est moins rude, avant de s'attaquer aux marchés mondiaux. Cette approche, souvent qualifiée de régionalisme progressif, permettrait de renforcer les entreprises africaines en favorisant la coopération économique régionale et en créant des synergies entre les différents secteurs de production.

L'un des leviers les plus puissants pour renforcer la compétitivité africaine face à la concurrence internationale est d'encourager l'innovation locale. Les gouvernements africains doivent mettre en place des politiques qui favorisent la recherche et le développement, notamment à travers des incubateurs d'entreprises, des subventions à l'innovation et des partenariats public-privé dans des secteurs stratégiques comme l'agriculture, les énergies renouvelables, ou les technologies de l'information. En encourageant les entreprises locales à innover, il est possible de créer des produits et services à forte valeur ajoutée, capables de rivaliser sur les marchés mondiaux.

Il est également important de promouvoir la collaboration intra-africaine. Trop souvent, les entreprises africaines se perçoivent comme des concurrentes, alors qu'elles pourraient collaborer pour créer des chaînes de valeur régionale. Un pays comme l'Éthiopie, qui a développé une expertise dans la production textile, pourrait collaborer avec des pays voisins pour créer des chaînes d'approvisionnement intégrées, allant de la production de matières premières à la confection de vêtements. Ce type de coopération renforcerait la compétitivité des entreprises africaines tout en réduisant leur dépendance aux importations étrangères.

La concurrence internationale peut certes représenter dans l'absolu une menace pour les industries locales africaines, mais elle peut également devenir un catalyseur de croissance et d'innovation. On ne peut pas construire une économie libérale et avoir peur de la concurrence. En adoptant des stratégies de protection conditionnelle, en renforçant la compétitivité régionale et en encourageant l'innovation locale, les pays africains peuvent transformer ce défi en une opportunité de développement. Le développement économique ne consiste pas à se protéger indéfiniment de la concurrence, mais à s'y préparer en renforçant les capacités locales et en créant des synergies régionales. Comme l'a souligné Michael Porter, "La compétitivité ne se résume pas à réduire les coûts ; elle repose sur la capacité à innover et à ajouter de la valeur" [Porter, 1990]. C'est en innovant, en collaborant, et en s'adaptant à la concurrence internationale que l'Afrique pourra pleinement réaliser son potentiel économique.

Chapitre 13
Le rôle des institutions africaines dans la libéralisation du commerce

Lorsque l'on évoque la libéralisation du commerce en Afrique, il est impossible de ne pas souligner le rôle crucial que jouent les institutions africaines telles que l'Union africaine (UA), la Banque africaine de développement (BAD) et les diverses communautés économiques régionales (CER). Ces institutions sont les piliers sur lesquels repose l'ambition d'une intégration économique continentale. Cependant, malgré les efforts déployés, des défis institutionnels persistent et freinent le processus de libéralisation du commerce.

L'Union africaine reste le moteur de l'intégration continentale. Créée en 2002 pour succéder à l'Organisation de l'unité africaine (OUA), elle a pour mission principale de promouvoir l'unité et la solidarité entre les pays africains. Elle joue un rôle central dans la mise en œuvre de politiques visant à libéraliser le commerce sur le continent. L'un des projets phares de l'UA est la Zone de libre-échange continentale africaine (ZLECAf), lancée en 2018. La ZLECAf vise à créer un marché unique pour les biens et services, facilitant ainsi les échanges intra-africains et stimulant le développement économique.

Cependant, la réalisation de cette vision ambitieuse n'est pas sans obstacles. Les divergences politiques, les intérêts nationaux conflictuels et le manque de coordination entre les États membres compliquent la mise en œuvre effective de la ZLECAf. L'on a pu constater lors de diverses conférences et rencontres que, malgré une volonté commune affichée, les priorités nationales prennent souvent le pas sur les engagements régionaux. "L'unité africaine ne peut se réaliser que si nous mettons de côté nos égos nationaux pour embrasser une vision continentale" [Nkrumah, 1963]

Les institutions financières telles que la Banque africaine de développement (BAD) jouent un rôle essentiel dans la promotion de la liberté commerciale. La BAD finance des projets d'infrastructures critiques qui facilitent le commerce, tels que les routes transfrontalières, les chemins de fer et les ports. Ces infrastructures sont le "sang qui irrigue l'économie africaine", permettant une circulation plus fluide des biens et des services.

De plus, la Banque africaine d'import-export (Afreximbank) soutient les entreprises africaines en leur offrant des solutions financières pour le commerce. Elle joue un rôle clé dans la réduction des risques liés aux transactions transfrontalières, en particulier pour les petites et moyennes entreprises qui sont souvent exclues des financements traditionnels.

Un des principaux défis auxquels font face ces institutions est la fragmentation institutionnelle. L'Afrique compte huit communautés économiques régionales reconnues par l'UA, dont les principales sont la CEDEAO, la SADC et la COMESA. Ces CER ont des mandats similaires mais opèrent souvent indépendamment les unes des autres, voire en concurrence. Cette multiplicité d'organisations crée des chevauchements de politiques et une confusion réglementaire pour les entreprises.

Il arrive parfois qu'un pays peut être membre de plusieurs CER avec des règles commerciales différentes, compliquant ainsi les échanges. Cette situation souligne le besoin urgent d'harmoniser les politiques et de renforcer la coordination entre ces institutions.

Un autre défi majeur est le manque de capacité institutionnelle. De nombreux pays africains souffrent de faiblesse administrative, avec des institutions sous-financées et un personnel insuffisamment formé. Cela entrave la mise en œuvre effective des accords commerciaux et des réformes nécessaires à la libéralisation du commerce.

Pour surmonter ces défis, il est essentiel de renforcer les institutions africaines à plusieurs niveaux. Il est impératif que les communautés économiques régionales alignent leurs politiques commerciales. Cela peut passer par la création d'un cadre réglementaire commun sous l'égide de l'Union africaine. Une telle harmonisation réduirait la complexité réglementaire et faciliterait les échanges commerciaux. En plus, Les gouvernements doivent investir dans la formation du personnel administratif et des négociateurs commerciaux. Des institutions solides nécessitent des ressources humaines compétentes capables de gérer les défis complexes de la libéralisation du commerce. La digitalisation des processus administratifs peut améliorer l'efficacité et la transparence. L'adoption de guichets uniques électroniques pour les formalités douanières peut réduire significativement les délais et les coûts liés au commerce transfrontalier. Le secteur privé et la société civile ont également un rôle crucial à jouer. Les entreprises doivent être impliquées dans l'élaboration des politiques commerciales pour s'assurer que celles-ci répondent aux réalités du terrain. Les associations professionnelles peuvent fournir des retours d'expérience précieux et proposer des solutions innovantes.

De même, la société civile peut faire pression pour une plus grande transparence et responsabilité des institutions. "La participation citoyenne est le fondement d'une démocratie solide et d'institutions efficaces" [Senghor, 1974]. En encourageant un dialogue ouvert entre les citoyens, les entreprises et les gouvernements, il est possible de créer un environnement propice à la libéralisation du commerce.

Un obstacle majeur à la libéralisation du commerce reste la corruption. Les institutions africaines doivent adopter des pratiques de bonne gouvernance pour gagner la confiance des acteurs économiques. Cela implique la mise en place de mécanismes de contrôle, la transparence dans la gestion des fonds publics et la lutte contre la corruption à tous les niveaux.

Enfin, les institutions africaines peuvent bénéficier de partenariats avec des organisations internationales telles que l'Organisation mondiale du commerce (OMC), la Banque mondiale ou le Fonds monétaire international (FMI). Ces partenariats peuvent apporter un soutien technique et financier pour renforcer les capacités institutionnelles.

Cependant, il est crucial que ces collaborations respectent les priorités africaines et ne reproduisent des modèles inadaptés au contexte local. Les institutions africaines doivent rester maîtresses de leur agenda et veiller à ce que les partenariats servent les intérêts du continent.

Pour avancer vers une libéralisation efficiente du commerce en Afrique, Les pays africains doivent s'engager à aligner leurs politiques commerciales et à réduire les barrières non tarifaires. Il s'agit de mettre en place des critères de convergences.

En renforçant les institutions africaines et en surmontant les défis institutionnels, l'Afrique peut créer un environnement favorable à la libéralisation du commerce. Cela permettra non seulement de stimuler la croissance économique, mais aussi de rapprocher les nations africaines dans un esprit d'unité et de coopération.

Chapitre 14
Les migrations intra-africaines : une richesse sous exploitée

Les migrations intra-africaines, bien que présentes depuis des siècles, restent une ressource sous-exploitée pour le développement économique et social du continent. Or, la libre circulation des travailleurs reste un levier puissant pour booster la productivité, l'innovation et l'intégration continentale.

Historiquement, les peuples africains ont toujours été mobiles, traversant des régions et des pays à la recherche de meilleures opportunités, de terres fertiles ou pour des raisons culturelles et familiales. Cette mobilité a contribué à la diffusion des connaissances, des compétences et des technologies. Cependant, avec la colonisation et la délimitation arbitraire des frontières, ces mouvements ont été entravés, créant des obstacles artificiels à une dynamique naturelle.

Aujourd'hui, les migrations intra-africaines sont souvent perçues sous un angle négatif, associées à des problèmes de sécurité, de chômage ou de pression sur les ressources locales. Pourtant, les migrations internes sont une opportunité. Selon l'Organisation internationale pour les migrations, plus de 80 % des migrations africaines se font à l'intérieur du continent. Cela représente un potentiel énorme pour le transfert de compétences, le partage de connaissances et le renforcement des liens économiques.

La mobilité des travailleurs est un vecteur de productivité. En effet, permettre aux travailleurs de se déplacer librement à travers le continent pourrait considérablement augmenter la productivité. Les entreprises pourraient accéder à un vivier de talents plus large, recrutant les compétences dont elles ont besoin, où qu'elles se trouvent. Cela est particulièrement important dans les secteurs en croissance tels que les technologies de l'information, les énergies renouvelables ou l'agriculture moderne.

Par exemple, un ingénieur spécialisé en énergie solaire du Maroc pourrait apporter son expertise à un projet au Kenya, où les besoins en énergies renouvelables sont importants. De même, un agriculteur expérimenté du Nigeria pourrait partager ses techniques innovantes avec des communautés rurales au Malawi. Ces échanges de compétences peuvent contribuer non seulement à améliorer la productivité, mais aussi à stimuler l'innovation. On assiste ainsi à une innovation par la diversité culturelle en ce sens que

Lorsque des personnes de différents horizons travaillent ensemble, elles apportent des perspectives variées, ce qui peut conduire à de nouvelles idées et solutions. "La créativité naît de la rencontre des différences" [Smith, 2005]. En favorisant la mobilité des travailleurs, les pays africains peuvent créer des environnements où la diversité est valorisée et où l'innovation peut prospérer. Les équipes multiculturelles sont souvent plus efficaces pour résoudre des problèmes complexes. Elles combinent des approches différentes, évitent les angles morts et peuvent s'adapter plus facilement aux changements. Dans le contexte africain, où les défis sont nombreux, cette capacité d'adaptation et d'innovation est cruciale.

La libre circulation des travailleurs peut également contribuer à réduire les disparités économiques entre les régions. En permettant aux personnes des zones à faible opportunité économique de se déplacer vers des régions plus dynamiques, favorisant une meilleure répartition de la main-d'œuvre et des compétences. Cela peut aider à atténuer les pressions sur les marchés locaux du travail et à stimuler la croissance dans les zones en développement.

Les pays en forte croissance économique comme l'Éthiopie, la Côte d'ivoire ou le Rwanda bénéficient de l'apport de travailleurs qualifiés provenant d'autres pays africains. Cela permet de combler les pénuries de main-d'œuvre dans certains secteurs clés, tout en offrant des opportunités d'emploi aux migrants.

Malgré ces avantages, de nombreux obstacles entravent encore la mobilité des travailleurs en Afrique. Les politiques migratoires restrictives, les exigences en matière de visas, les contrôles aux frontières et le manque de reconnaissance mutuelle des qualifications professionnelles sont autant de freins à la libre circulation.

Il existe des cas où un médecin formé en Égypte peut rencontrer des difficultés pour exercer en Afrique du Sud en raison de la non-reconnaissance de ses diplômes. De même, un entrepreneur ivoirien peut être confronté à des procédures administratives complexes pour s'installer au Sénégal. Ces barrières limitent les opportunités économiques et freinent l'intégration régionale.

Heureusement, certaines initiatives montrent la voie à suivre. La Communauté économique des États de l'Afrique de l'Ouest (CEDEAO) a mis en place un protocole sur la libre circulation des personnes, permettant aux citoyens des pays membres de voyager sans visa pour des séjours de courte durée. De même, l'Union africaine a lancé en 2016 le passeport africain, destiné à faciliter la mobilité sur le continent.

Ces initiatives sont encourageantes, mais elles doivent être élargies et mises en œuvre de manière effective. Il est essentiel que les États africains harmonisent leurs politiques migratoires et reconnaissent mutuellement les qualifications professionnelles. Cela nécessite une volonté politique forte et une coopération étroite entre les gouvernements.

Les gouvernements doivent adopter des politiques de visa plus souples, voire supprimer les visas pour les ressortissants africains. Cela encouragera les déplacements et les échanges économiques. Ils doivent également mettre en place des accords de reconnaissance des diplômes et des certifications professionnelles. Ce qui facilitera l'intégration des travailleurs dans les pays d'accueil. Cela peut être accompagné par la création de plateformes numériques régionales d'emploi où les employeurs et les travailleurs peuvent se connecter à l'échelle continentale pour mettre en relation l'offre et la demande de compétences.

Des études montrent que la mobilité des travailleurs peut avoir un impact significatif sur la croissance économique. Selon la Banque mondiale, une augmentation de 10 % de la mobilité des travailleurs pourrait entraîner une hausse de 2 % du PIB dans les pays africains [Banque mondiale, 2018]. Cela s'explique par une meilleure allocation des ressources humaines, une augmentation de la productivité et une stimulation de l'innovation.

De plus, les migrants envoient souvent des transferts de fonds vers leur pays d'origine, ce qui soutient les économies locales. Ces transferts peuvent être investis dans l'éducation, la santé ou le développement d'entreprises, contribuant ainsi au développement socio-économique.

Au-delà des aspects économiques, la mobilité intra-africaine favorise également la compréhension mutuelle et le renforcement des liens culturels. En permettant aux peuples africains de se rencontrer et de partager leurs expériences, ceux-ci construisent une identité continentale plus forte. "L'unité africaine se forge dans le dialogue et le partage" [Diop, 1990]. Il est important de reconnaître que la promotion de la mobilité des travailleurs peut susciter des inquiétudes. Certains craignent une concurrence accrue sur le marché du travail, ou des tensions culturelles. Cependant, l'expérience montre que les migrations bien gérées apportent plus de bénéfices que de problèmes.

Les migrations intra-africaines représentent une richesse sous-exploitée qui, si elle est correctement valorisée, pourrait transformer le paysage économique et social du continent. En favorisant la libre circulation des travailleurs, les gouvernements ouvrent la voie à une Afrique plus productive, innovante et unie. Il est temps de lever les barrières artificielles et de permettre au continent de réaliser pleinement son potentiel. On ne peut pas vivre le libéralisme et être cloisonné.

Chapitre 15
Les partenariats stratégiques : Afrique et acteurs internationaux

En observant le paysage économique actuel, il est indéniable que les relations commerciales entre les États africains et le reste du monde jouent un rôle crucial dans le développement du continent. Cependant, ces relations sont souvent marquées par des déséquilibres qui ne favorisent pas toujours l'Afrique. Le temps est venu d'équilibrer ces relations.

L'Afrique est riche en ressources naturelles, ce qui attire depuis longtemps l'attention des acteurs internationaux. Des pays comme la Chine, les États-Unis, l'Union européenne, et plus récemment l'Inde et la Turquie, ont intensifié leurs relations commerciales avec les nations africaines. Ces partenariats, bien qu'avantageux à certains égards, peuvent parfois entraver le développement de l'industrie locale et la coopération régionale.

Lorsque l'on visite la République démocratique du Congo, on est frappé par l'importance des investissements chinois dans le secteur minier. Les routes sont construites, les mines exploitées, mais les bénéfices engendrés quittent le pays. Les contrats signés, souvent opaques, favorisent les entreprises étrangères au détriment des communautés locales. Cette situation n'est pas unique à la RDC; elle est répandue dans de nombreux pays africains.

Il est crucial que les gouvernements africains négocient des accords commerciaux qui soient équitables et transparents. "Un partenariat stratégique doit être basé sur le respect mutuel et l'équité des bénéfices" [Kaberuka, 2015]. Cela signifie que les États africains doivent renforcer leurs capacités de négociation, peut-être en unissant leurs forces lors des discussions avec les acteurs internationaux.

L'une des stratégies pour équilibrer les relations avec les puissances mondiales est de renforcer la coopération intra-africaine. En unissant les marchés et en harmonisant les politiques commerciales, l'Afrique peut devenir un bloc économique puissant capable de négocier en position de force.

Par exemple, la mise en place de la Zone de libre-échange continentale africaine (ZLECAf) est une étape significative dans cette direction. En supprimant les barrières tarifaires entre les pays africains, les gouvernements stimulent le commerce intra-africain, ce qui réduit leur dépendance aux marchés extérieurs. De plus, cela encourage les entreprises locales à se développer et à innover, renforçant ainsi leur compétitivité sur la scène internationale.

Au-delà des relations avec les puissances traditionnelles, les partenariats Sud-Sud offrent de nouvelles opportunités. Des pays émergents comme le Brésil, l'Inde ou encore les Émirats arabes unis développent des relations commerciales avec l'Afrique basées sur des intérêts mutuels et une compréhension commune des défis du développement.

L'Inde a lancé l'India-Africa Forum Summit, visant à renforcer la coopération dans les domaines de la technologie, de l'éducation et de l'agriculture. Ces partenariats peuvent être plus équilibrés, car ils reposent souvent sur un échange de compétences et de technologies plutôt que sur l'extraction de ressources

Il est essentiel pour les pays africains de diversifier leurs partenariats afin d'éviter une dépendance excessive envers un seul acteur international. Cette diversification permet non seulement de réduire les risques économiques, mais aussi de bénéficier de différentes expertises et technologies.

Un cas d'école, en collaborant à la fois avec des pays européens pour les technologies vertes, avec la Chine pour les infrastructures, et avec l'Inde pour les technologies de l'information, les pays africains peuvent maximiser les avantages tirés de ces partenariats.

Pour renforcer sa position dans les relations commerciales internationales, il est important pour l'Afrique de développer et de promouvoir ses propres normes et standards. Cela passe par la création d'organismes africains de normalisation et la participation active aux organismes internationaux. En établissant des standards reconnus, les produits africains gagneront en crédibilité sur les marchés mondiaux.

De plus, l'harmonisation des normes au sein du continent facilitera le commerce intra-africain, rendant les entreprises plus compétitives et mieux préparées pour affronter la concurrence internationale.

Un partenariat équilibré nécessite également que les pays africains disposent d'une main-d'œuvre qualifiée capable de répondre aux exigences des marchés internationaux. "L'investissement dans l'éducation et la formation professionnelle est le socle du développement durable" [Nkrumah, 1961]. Les gouvernements doivent donc prioriser l'éducation, la formation technique et la recherche pour renforcer les compétences locales.

En développant le capital humain africain, les gouvernements réduisent leur dépendance aux experts étrangers et augmentent la valeur ajoutée de leurs produits et services.

Pour que les partenariats stratégiques soient bénéfiques, il est impératif d'améliorer la gouvernance et la transparence dans la gestion des ressources et des accords commerciaux. La corruption et le manque de transparence affaiblissent la position des pays africains dans les négociations et nuisent à la confiance des partenaires internationaux.

Les institutions régionales et continentales doivent jouer un rôle de surveillance et de conseil pour s'assurer que les accords conclus sont dans l'intérêt des populations africaines.

Une autre stratégie pour renforcer la coopération intra-africaine est d'encourager les investissements entre pays africains. Les entreprises africaines qui investissent dans d'autres pays du continent contribuent à la création d'emplois, au transfert de technologies et au renforcement des liens économiques.

Le groupe Dangote, basé au Nigeria, investit dans plusieurs pays africains dans les secteurs du ciment, de l'agriculture et de la pétrochimie. Ces investissements renforcent les économies locales et favorisent l'intégration régionale.

Quant aux technologies numériques, elles offrent des opportunités pour améliorer les relations commerciales intra-africaines et internationales. Les plateformes de commerce électronique, les solutions fintech et les systèmes de traçabilité peuvent faciliter les transactions, réduire les coûts et accroître la transparence.

Aussi les gouvernements doivent-ils soutenir l'innovation technologique et créer un environnement propice à l'adoption de ces solutions.

Cela dit, les partenariats stratégiques entre l'Afrique et les acteurs internationaux sont essentiels pour le développement du continent. Cependant, il est crucial d'équilibrer ces relations en renforçant la coopération intra-africaine. Cela passe par la diversification des partenariats, l'investissement dans le capital humain, l'amélioration de la gouvernance et l'adoption de technologies innovantes. En travaillant ensemble, les pays africains peuvent se positionner comme des acteurs majeurs sur la scène internationale, tout en assurant une croissance durable et inclusive pour leurs populations.

Chapitre 16
Les technologies numériques : outils pour une meilleure intégration

Les technologies numériques transforment les sociétés africaines. Les plateformes numériques et les fintechs, en particulier, jouent un rôle crucial pour faciliter la libre circulation des biens et des personnes, rendant les échanges plus fluides et efficaces. Elles ont révolutionné le commerce en Afrique. Elles permettent aux entreprises, même les plus petites, d'accéder à des marchés autrefois inatteignables. Des plateformes comme Jumia ou Konga ont créé des marchés en ligne qui connectent les vendeurs et les acheteurs à travers le continent. Cela a non seulement élargi les opportunités commerciales, mais également réduit les coûts associés aux intermédiaires traditionnels.

De nombreux entrepreneurs locaux qui vendent des produits artisanaux en profitent sur le continent. Avant l'essor des plateformes numériques, ils étaient tous limités aux marchés locaux. Grâce aux boutiques en ligne, ils expédient leurs produits dans plusieurs pays africains. La technologie a ouvert des portes que l'on n'aurait jamais imaginées ».

Dans le domaine financier les fintechs ont révolutionné les services financiers. Ils ont joué un rôle déterminant dans l'inclusion financière. Des services comme M-Pesa au Kenya ou Wave en Côte d'ivoire ont permis à des millions de personnes non bancarisées d'accéder à des services financiers de base. Cela a facilité les transactions commerciales, en particulier pour les petites entreprises et les travailleurs indépendants.

De nombreux agriculteurs utilisent des applications mobiles pour vendre leurs récoltes directement aux consommateurs urbains. Ils reçoivent les paiements instantanément via une plateforme fintech, éliminant ainsi les délais et les risques liés aux transactions en espèces. La fintech a transformé la manière de faire les affaires en Afrique.

Les technologies numériques ne se limitent pas au commerce de biens. Elles jouent également un rôle essentiel dans la mobilité des personnes. Des applications de covoiturage comme SafeBoda en Ouganda, Yango en Côte d'Ivoire ou Yego au Rwanda offrent des solutions de transport sûres et abordables, connectant les conducteurs et les passagers en temps réel.

De plus, les plateformes en ligne facilitent la recherche d'emploi à l'échelle continentale. Des sites comme Jobberman au Nigeria ou BrighterMonday au Kenya permettent aux professionnels de trouver des opportunités dans différents pays, favorisant ainsi la circulation des compétences et des talents.

L'un des principaux obstacles au commerce intra-africain est la fragmentation des marchés. Les technologies numériques offrent une solution en créant des plateformes unifiées qui transcendent les frontières nationales. Par exemple, le Marché commun numérique africain est une initiative visant à harmoniser les politiques numériques et à créer un écosystème technologique intégré.

En adoptant des normes communes et en investissant dans les infrastructures numériques, les pays africains peuvent faciliter les échanges et renforcer leur position sur la scène mondiale. "L'intégration numérique est la clé pour libérer le potentiel économique de l'Afrique" [Akinwumi Adesina, 2018].

Les gouvernements doivent prioriser le développement d'infrastructures telles que la fibre optique et les réseaux mobiles. Sans une connectivité fiable, les avantages des technologies numériques resteront limités. Dans la pratique, Il est essentiel de former la population aux compétences numériques. Des programmes éducatifs adaptés peuvent préparer les jeunes générations aux emplois de demain et encourager l'innovation locale. Il faut en outre encourager l'innovation locale en soutenant les startups technologiques par le biais d'incubateurs, de subventions et de politiques favorables stimulant la création de solutions adaptées aux défis africains.

Enfin, il faut harmoniser les réglementations. Pour cela, Une coopération régionale est nécessaire pour établir des normes communes en matière de commerce électronique, de protection des données et de services financiers numériques.

Malgré les progrès, plusieurs obstacles entravent encore l'adoption généralisée des technologies numériques. La fracture numérique persiste, en particulier dans les zones rurales où l'accès à Internet est limité. De plus, les questions de cybersécurité et de protection des données sont de plus en plus préoccupantes.

Il est également crucial de veiller à ce que les technologies numériques ne creusent pas les inégalités. Les femmes et les populations marginalisées doivent être incluses dans cette transformation numérique pour assurer un développement équitable.

Les gouvernements ont un rôle central à jouer en créant un environnement propice à l'innovation. Cela inclut la mise en place de cadres juridiques clairs, la réduction des obstacles réglementaires et l'investissement dans la recherche et le développement.

Les institutions panafricaines, comme l'Union africaine, peuvent faciliter la collaboration entre les pays et promouvoir des initiatives continentales. "La coopération est essentielle pour construire un écosystème numérique robuste en Afrique" [Vera Songwe, 2019].

Pour terminer, il est bon de montrer le succès des technologies numériques en Afrique dans les différents pays africains. Par exemple Flutterwave, une fintech nigériane qui a développé une plateforme de paiement qui facilite les transactions entre les entreprises africaines et les entreprises installées hors du continent. Elle a contribué à simplifier les paiements transfrontaliers, un défi majeur pour de nombreuses entreprises. Il y a aussi Andela, une entreprise qui forme des développeurs africains et les connecte à des entreprises technologiques du monde entier. Elle illustre le potentiel de la jeunesse africaine dans le domaine des technologies de l'information. Zipline, Au Rwanda et au Ghana, cette entreprise utilise des drones pour livrer des fournitures médicales dans des zones reculées. Cela montre comment l'innovation technologique peut résoudre des problèmes concrets sur le terrain.

En Côte d'Ivoire, il existe des applications mobiles visant à connecter les producteurs agricoles aux marchés urbains. Les résultats sont impressionnants. Les agriculteurs ont pu augmenter leurs revenus en vendant directement aux consommateurs, tandis que les citadins ont bénéficié de produits frais à des prix compétitifs.

Il est important d'aborder l'adoption des technologies numériques avec une perspective responsable. Cela implique de considérer les impacts environnementaux, sociaux et éthiques. Les technologies doivent être utilisées pour améliorer la qualité de vie sans nuire aux communautés ou à l'environnement.

Au total, Les technologies numériques offrent une opportunité sans précédent pour accélérer l'intégration africaine. En exploitant ces outils, l'Afrique peut surmonter de nombreux obstacles qui entravent le commerce et la mobilité. Cependant, pour réaliser pleinement ce potentiel, une collaboration étroite entre les gouvernements, le secteur privé et la société civile est indispensable.

Ensemble, ils peuvent construire un avenir où la technologie est au service du développement durable et inclusif sur le continent.

Chapitre 17
Vers une Afrique sans frontières : utopie ou futur possible ?

L'idée d'une Afrique sans frontières a longtemps été considérée comme une utopie, un rêve partagé par les pères fondateurs de l'unité africaine. Cependant, à mesure que le monde évolue et que les défis globaux se complexifient, cette vision prend une nouvelle dimension. Une Afrique unie, sans barrières pour les biens et les personnes, est-elle un objectif réalisable ou reste-t-elle un simple idéal ?

L'intégration totale de l'Afrique est non seulement possible, mais nécessaire pour relever les défis économiques, sociaux et politiques du continent. Les obstacles sont nombreux, certes, mais ils ne sont pas insurmontables. Dans tous les cas, l'Afrique n'a pas le choix ; Le libéralisme économique s'impose partout dans le monde.

La Zone de libre-échange continentale africaine (ZLECAf) lancée en 2019 représente le moteur ou du moins l'une des initiatives les plus ambitieuses pour promouvoir le libre-échange intra-africain. Elle vise à créer un grand marché unique continental, regroupant 1,3 milliard de personnes. Cette zone de libre-échange est un pas significatif vers la suppression des barrières commerciales et la facilitation de la circulation des biens et des services.

Certaines communautés économiques régionales, comme la CEDEAO, ont déjà mis en place des protocoles pour faciliter la mobilité des citoyens. Le passeport africain, initié par l'Union africaine, est une autre étape vers la réalisation de ce rêve. Il symbolise l'engagement visant à permettre aux Africains de voyager librement sur le continent.

En éliminant les barrières commerciales et en facilitant la mobilité, les pays africains peuvent stimuler le commerce intra-africain. Ce qui peut conduire à une augmentation de la production, de l'emploi et de l'investissement. "L'intégration économique est la clé pour libérer le potentiel du continent" [Adesina, 2017].

La libre circulation des personnes favorise l'échange d'idées, de compétences et de technologies. Les collaborations transfrontalières peuvent mener à des innovations majeures dans divers secteurs tels que la santé, l'agriculture et les technologies de l'information.

A l'évidence, une Afrique unie peut mieux faire face aux défis globaux tels que le changement climatique, les pandémies ou les crises économiques. L'unité renforce la voix du continent sur la scène internationale.

Imaginer une Afrique sans frontières nécessite de la vision et du courage. Cela implique de repenser l'approche qu'ont les gouvernements des relations internationales, de la souveraineté et de l'identité nationale.

Le monde change rapidement. L'Afrique doit être prête à innover et à s'adapter pour rester compétitive et pertinente. Pour y arriver elle a besoin de leaders visionnaires pour guider le continent vers cet objectif ambitieux. "Le futur de l'Afrique dépend de la qualité de son leadership" [Mandela, 1994].

A la question de savoir si une Afrique sans frontières est-une utopie ou un futur possible, on peut tout simplement répondre que c'est un futur possible.

Conclusion

Le libéralisme économique s'inscrit dans les multiples facettes de l'intégration africaine. Une chose est certaine l'Afrique se trouve à un carrefour décisif de son histoire. Les défis pour un libre-échange véritable sont nombreux et complexes, allant des barrières tarifaires et non-tarifaires, en passant par la bureaucratie, la corruption, les infrastructures insuffisantes, jusqu'aux obstacles monétaires et logistiques. Cependant, chaque obstacle recèle également une opportunité, une chance de repenser nos approches et de forger un avenir meilleur pour le continent.

De nombreuses études dont la nôtre dans ce livre ont montré comment les visas et les contrôles frontaliers limitent la mobilité des personnes, entravant ainsi le potentiel économique que représente une main-d'œuvre mobile et diversifiée. Les infrastructures, bien qu'encore insuffisantes, peuvent être renforcées grâce à des investissements stratégiques et à une volonté politique affirmée. Les secteurs informels, souvent négligés, recèlent un potentiel immense qui, s'il est correctement exploité, peut dynamiser nos économies locales et favoriser une croissance inclusive.

La corruption et la bureaucratie ont été identifiées comme des obstacles majeurs qui sapent la confiance dans les institutions et freinent le développement. Pourtant, avec des réformes ciblées, une transparence accrue et une responsabilisation des acteurs publics, il est possible de restaurer la confiance et de créer un environnement propice à la prospérité.

La question monétaire, avec l'absence d'une monnaie unique, pose des défis significatifs aux échanges interétatiques. Cependant, l'idée d'une union monétaire africaine, bien qu'ambitieuse, n'est pas hors de portée si les gouvernements africains s'engagent dans une coopération économique plus étroite et une harmonisation progressive de leurs politiques financières.

Les technologies numériques émergent comme des catalyseurs puissants pour surmonter bon nombre de ces obstacles. Elles offrent des solutions innovantes pour faciliter les échanges, promouvoir l'inclusion financière et connecter les Africains au-delà des frontières physiques. L'adoption et l'intégration de ces technologies sont essentielles pour propulser l'Afrique dans l'ère moderne.

En réfléchissant à la question posée dans le dernier chapitre—une Afrique sans frontières est-elle une utopie ou un futur possible ? —il est évident que la réponse dépend de la volonté collective d'agir de tous les africains. L'histoire enseigne que les grands changements ne se produisent pas du jour au lendemain, mais sont le fruit d'efforts constants, de persévérance et d'une vision partagée. "L'avenir n'est pas un lieu vers lequel nous allons, mais un projet que nous construisons" [Drucker, 2001].

Il est impératif que les gouvernements, le secteur privé, la société civile et chaque citoyen africain travaillent ensemble pour réaliser cette vision. Les institutions africaines doivent être renforcées, les politiques harmonisées, et les barrières artificielles supprimées. Mais au-delà des politiques et des infrastructures, c'est un changement de mentalité qui est nécessaire. Les nations africaines ne doivent plus se voir comme des entités isolées, mais comme les membres d'une communauté continentale unie par un destin commun.

Chaque pas vers l'intégration, aussi petit soit-il, compte. Que ce soit en soutenant les entreprises locales, en encourageant les échanges culturels, en adoptant les technologies numériques ou en promouvant la transparence et la bonne gouvernance, chaque africain a un rôle à jouer.

Une Afrique sans frontières n'est pas une chimère, mais une possibilité réelle qui exige un engagement et une détermination. Les défis sont nombreux, mais les opportunités le sont tout autant. En embrassant la diversité qui fait la richesse du continent et en unissant les efforts, les africains peuvent bâtir une Afrique prospère, innovante et résiliente.

Comme l'a si bien dit Nelson Mandela, "Cela semble toujours impossible, jusqu'à ce que ce soit fait" [Mandela, 2001].

Références bibliographiques

Adesina, Akinwumi A. (2017). Unlocking Africa's Agricultural Potential. African Development Bank Group.

Annan, Kofi (2003). Addressing Corruption in Africa. Discours prononcé lors du Sommet de l'Union africaine, Maputo.

Collier, Paul (2007). The Bottom Billion: Why the Poorest Countries Are Failing and What Can Be Done About It. Oxford University Press.

De Soto, Hernando (2000). The Mystery of Capital: Why Capitalism Triumphs in the West and Fails Everywhere Else. Basic Books.

Diop, Cheikh Anta (1987). Civilisation ou Barbarie : Anthropologie sans complaisance. Présence Africaine.

Krugman, Paul (1991). Geography and Trade. MIT Press.

List, Friedrich (1841). The National System of Political Economy. Translated by Sampson S. Lloyd (1885), Longmans, Green, and Co.

Mandela, Nelson (1994). Un Long Chemin vers la Liberté. Fayard.

Nkrumah, Kwame (1963). Africa Must Unite. Heinemann.

Porter, Michael E. (1990). The Competitive Advantage of Nations. Free Press.

Sachs, Jeffrey D. (2005). The End of Poverty: Economic Possibilities for Our Time. Penguin Press.

Sen, Amartya (1999). Development as Freedom. Knopf.

Songwe, Vera (2019). Digital Economy for Africa Initiative. Brookings Institution.

Smith, David (2005). Africa's Challenge: Boosting Innovation through Diversity. Journal of African Economics, Vol. 14, Issue 3.

Drucker, Peter F. (2001). The Essential Drucker: The Best of Sixty Years of Peter Drucker's Essential Writings on Management. HarperBusiness.

Kaberuka, Donald (2015). Africa's Partnerships: Navigating the Global Landscape. Discours lors des Assemblées annuelles de la BAD.

Adesina, Akinwumi A. (2018). Integrating Africa: The Role of Technology. Conférence à l'Université de Lagos.

Table des matières

Structures éditoriales du groupe L'Harmattan

L'Harmattan Italie
Via degli Artisti, 15
10124 Torino
harmattan.italia@gmail.com

L'Harmattan Hongrie
Kossuth l. u. 14-16.
1053 Budapest
harmattan@harmattan.hu

L'Harmattan Sénégal
10 VDN SICAP AMITIE 3
BP 45034 Dakar-Fann
direction@senharmattan.com

L'Harmattan Cameroun
Tsinga/Derrière polyclinique FECAFOOT
BP 11486 Yaoundé
Jacques.koukam@harmattan.fr

L'Harmattan Burkina Faso
Villa 281, secteur 23 623, rue 14.32
Ouagadougou
zagbie@outlook.fr

L'Harmattan Guinée
Almamya, rue KA 028 OKB Agency
BP 3470 Conakry
harmattanguinee@yahoo.fr

L'Harmattan RDC
185, avenue Nyangwe
Commune de Lingwala - Kinshasa
matangilamusadila@yahoo.fr

L'Harmattan Congo
219, avenue Nelson Mandela
BP 2874 Brazzaville
deunovmikhael@gmail.com

L'Harmattan Mali
Immeuble Mgr Jean Marie Cissé
Aci Hamadallaye
BP 145 Bamako
syllaka@yahoo.fr

L'Harmattan Togo
Djidjole - Maison Amela
face EPP BATOME
02 BP 20680 Lomé
didieramela11@gmail.com

L'Harmattan Côte d'Ivoire
Résidence Karl - Cité des Arts
Abidjan-Cocody
03 BP 1588 Abidjan
harmattan.ivoire@gmail.com

L'Harmattan Bénin
Rue 604, (Immeuble à l'entrée
de la rue UCAO- Cite de Saint-Jean)
Cotonou
stepcorpus@gmail.com

Nos librairies en France

Librairie internationale
16, rue des Écoles
75005 Paris
librairie.internationale@harmattan.fr
01 40 46 79 11
www.librairieharmattan.com

Librairie des savoirs
21, rue des Écoles
75005 Paris
librairie.sh@harmattan.fr
01 46 34 13 71
www.librairieharmattansh.com

www.ingramcontent.com/pod-product-compliance
Lightning Source LLC
LaVergne TN
LVHW010021081026
849535LV00016B/2104
* 9 7 8 2 3 3 6 5 4 4 8 0 9 *